Ulrike Gerold / Wolfram Hänel

Jojo

und sein erster Fall

Mit Illustrationen von Christian Effenberger

Hase und Igel®

Für Lehrkräfte gibt es zu diesem Buch
ausführliches Begleitmaterial beim Hase und Igel Verlag.

Dieses Buch erschien erstmals 2009 unter dem Titel
„Die Fahrradklauer“ im Carlsen Verlag, Hamburg.
Es wurde für diese Ausgabe in Absprache mit den Autoren überarbeitet.

www.hase-und-igel.de
Druck: CPI – Ebner & Spiegel, Ulm

ISBN 978-3-86760-151-1
1. Auflage 2012

Inhalt

1. Kapitel
Jojo ist sauer

Wenn man Jojo so sieht, könnte man glauben, dass er einfach nur ein ganz normaler Junge ist. Weder zu groß noch zu klein, weder zu dick noch zu dünn, meistens freundlich und manchmal frech. Aber der erste Eindruck täuscht. Jojo hat nämlich nicht nur ziemlich verrückte Ideen – er kann auch ein paar Sachen, die kein anderer kann!

Jojo heißt natürlich nicht wirklich Jojo, sondern Jonas Jostmann. Aber alle nennen ihn Jojo, schon immer. Was nicht nur mit seinem Namen zu tun hat, sondern auch damit, dass er so ziemlich der beste Jo-Jo-Spieler der ganzen Stadt ist. Und er hat sein Jo-Jo natürlich immer dabei, egal, wo er gerade ist oder was er gerade macht.

Jojo kann inzwischen alle Tricks, die man können muss: Er kann einen Sleeper werfen, einen Loop und eine Rakete. Und auch ein Dog ist kein Problem für ihn. Aber sein bester Trick ist immer noch, das Jo-Jo in einer leeren Blechdose rotieren zu lassen, sodass es klingt, als würde gerade einer pinkeln!

Außerdem mag Jojo am liebsten Lasagne, Bananenmilch und Vanille-Schoko-Eis. Und seine Lieblingsklamotten sind Segeltuchturnschuhe, eine ausgebeulte Cargohose mit großen Taschen an der Seite, gestreifte Piraten-T-Shirts und die Mütze aus Chicago, die ihm sein Onkel geschenkt hat. Wenn es nach Jojo ginge, würde er die Mütze sogar nachts im Bett aufbehalten! Aber Jojos Mutter sagt, davon würde man Kopfschmerzen kriegen.

Die Mütze ist natürlich nicht einfach irgendeine Baseballcap, sondern eine echte Chicago-Mütze. Wie sie die Gangster in alten amerikanischen Filmen immer aufhaben, aus der Zeit, als es in Chicago noch jede Menge echte Gangster gab.

Jojos Onkel ist allerdings kein Gangster, sondern Privatdetektiv. In New York! Mit einem richtigen Detektivbüro, einer blonden Sekretärin und einem roten Ford Mustang mit 220 PS.

Jojo will später auch einmal Privatdetektiv werden. Er hat auch schon ein Plakat von einem roten Ford Mustang in seinem Zimmer. Und er kann sogar schon ein bisschen Amerikanisch. Amerikanisch ist eigentlich ganz einfach. Man muss nur so tun, als würde man Kaugummi kauen, und dabei ein paar Brocken Englisch aus dem Mundwinkel spucken. „Hello, Darling" und solche Sachen.

Meistens redet Jojo allerdings deutsch. Und wenn er schlechte Laune hat, redet er gar nicht. Noch nicht einmal, wenn er irgendetwas gefragt wird. Dann kommt höchstens ein einziges Wort aus seinem Mund. So wie jetzt gerade.

„Na, freust du dich?", fragt der Möbelpacker und klatscht seine Hand auf Jojos Knie. Die Hand ist ungefähr so groß wie ein Klodeckel.

„Nein", sagt Jojo. Mehr nicht.

Jojo hockt auf der Rückbank des Möbellasters und ist wütend und sauer und hat schlechte Laune. Er rückt noch ein bisschen weiter zur Seite, bis sich ihm der Türgriff in die Rippen bohrt.

„Macht ja nichts", meint der Möbelpacker und packt grinsend sein Frühstücksbrötchen aus – wozu er zum Glück beide Hände braucht.

Vorsichtig probiert Jojo, ob sein Knie noch funktioniert. Der Mann neben ihm schmatzt zufrieden vor sich hin. Jojo dreht schnell den Kopf

zum Fenster. Er mag keine Mettbrötchen. Und erst recht nicht, wenn Zwiebeln darauf sind.

Der Fahrer flucht und kurbelt am Lenkrad. Irgendein Auto steht halb auf der Straße. Haarscharf schiebt sich der Laster am Außenspiegel vorbei.

Wenn es jetzt kracht, denkt Jojo, dann müssen sie anhalten, um die Polizei zu holen. Und dann könnte er schnell noch einmal zu Tommi hinüberrennen und einfach nicht wiederkommen. Er könnte sich bei Tommi im Keller verstecken. Oder die Kellertür von innen mit Brettern vernageln und damit drohen, dass er erst wieder herauskommt, wenn sich Wilfried und Sabine die Sache mit dem Umzug ein für alle Mal aus dem Kopf geschlagen haben. Aber dann fällt ihm ein, dass Tommi mit seinen Eltern an der Ostsee ist, weil ja noch Sommerferien sind. Und außerdem kracht es auch nicht. Leider.

Wilfried und Sabine sind Jojos Eltern. Eigentlich sind sie ganz in Ordnung. Jedenfalls geben sie sich alle Mühe. Meistens jedenfalls. Nur, dass sie eben nicht immer hinhören, was Jojo zu sagen hat. Wie bei der Sache mit dem Umzug. Sie haben nicht einmal gefragt, ob Jojo damit einverstanden ist. Sie haben ihm nur kurz erklärt, dass sie ein Haus gekauft haben, und das war's. Bevor Jojo überhaupt noch richtig kapiert hat, was passiert, waren auch schon alle seine Sachen in irgendwelchen Kartons verpackt und seine Eltern hatten den Möbellaster bestellt.

Und weil Wilfried ihr eigenes Auto bis unters Dach vollgeladen hat, muss Jojo jetzt im Möbellaster mitfahren. Sabine wird wahrscheinlich nichts anderes übrig bleiben, als hinterherzulaufen …

Der Fahrer schaltet in den zweiten Gang und gibt Gas. Jojo drückt sich die Nase an der Scheibe platt, um einen letzten Blick auf ihr Haus zu werfen. Ganz oben haben sie gewohnt, neben Platscheskys und Sauers. Über ihrer Wohnung war nur noch der Dachboden. Und auf dem endlos langen Flur da oben hat Jojo Fahrradfahren gelernt. Und später dann mit Tommi Fußball gespielt.

Jojos Zimmer war das mit dem Fenster zur Straße. Wenn Jojo den grünen Vorhang mit den bunten Papageien zugezogen hat, war es, als ob er mitten im Dschungel wäre. Und wenn der Vorhang auf war, konnte er quer über die Straße genau in Tommis Zimmer gucken. Oder ihm abends mit der Taschenlampe irgendwelche Zeichen geben. Dreimal kurz blinken war das Zeichen für „Gute Nacht“. Und zweimal kurz und zweimal lang hieß: „Bis morgen früh, Alter.“

Jetzt biegt der Möbellaster auf die Hauptstraße ein. Jojo starrt auf die Geschäfte, an denen er jeden Morgen mit Tommi auf dem Weg zur Schule vorbeigelaufen ist. Und mittags wieder zurück. Der Fleischerladen, das Fischgeschäft, der Friseur. Einmal haben sie ziemlichen Ärger mit dem Friseur bekommen, obwohl sie eigentlich gar nichts weiter gemacht haben. Sie haben nur immer, wenn sie gerade vorbeikamen, die Tür zu seinem Laden aufgerissen und gebrüllt: „Hallo, Lockenköpfchen, wie geht's, wie steht's?"

Was der Friseur anscheinend nicht so witzig fand. Wobei Tommi und Jojo ja nun wirklich nichts dafür können, dass der Friseur eine Glatze hat. Aber vielleicht hätten sie nicht jeden Tag hingehen sollen. Und vielleicht auch nicht unbedingt zwei Wochen lang! Bis der Friseur dann einmal schneller war und Jojo erwischt hat. Aber Tommi hat gleich gebrüllt: „Lassen Sie sofort meinen Freund los, Sie … Sie Heini, Sie!"

Woraufhin der Friseur so verblüfft war, dass er Jojo tatsächlich losgelassen hat und sie abhauen konnten.

So einen Freund wie Tommi wird Jojo jedenfalls nicht wieder finden, so viel ist sicher. Wahrscheinlich wird er überhaupt keine Freunde mehr finden, nie wieder. Es sei denn, denkt Jojo plötzlich, sie kommen gar nicht erst an. Vielleicht verfahren sie sich mit dem Möbellaster und irren so lange kreuz und quer durch die Gegend, bis es zu spät ist. Bis irgendjemand anders in das neue Haus gezogen ist. Und Jojo und seinen Eltern gar nichts anderes übrig bleibt, als wieder in ihre alte Wohnung unter dem Dachboden zu ziehen.

„Wissen Sie eigentlich, wo wir hinmüssen?", fragt Jojo den Fahrer.

„Klar, Burgdorf, hier steht's!" Der Fahrer hält ein Klemmbrett hoch, das hinter der Scheibe liegt. „Burgdorf, Am Feld 14."

„Ziemliches Kaff, dieses Burgdorf", meldet sich jetzt der Beifahrer zu Wort. „Ich kenn mich da aus, meine Schwester hat da mal gewohnt. Da müsstest du mir schon ein paar Millionen bieten, bevor ich da hinziehen würde!"

„Da ist der Hund begraben", ergänzt der Möbelpacker neben Jojo und spuckt ein paar Brötchenkrümel auf die Sitzlehne vor ihm. „Na, macht ja nichts", setzt er dann zum Trost für Jojo hinzu, „da kannst du später mal Kuhbauer werden, was, Kleiner?" Er lässt wieder seine Hand auf Jojos Knie klatschen.

Der Fahrer lacht. Und Jojo würde am liebsten heulen.

2. Kapitel
Die Vogelscheuche im Garten

Jojo hat keine Ahnung, wie das neue Haus aussieht. Immer, wenn seine Eltern nach Burgdorf gefahren sind, ist er zu Hause geblieben. Er hat sich sogar geweigert, die Fotos anzugucken, die sein Vater gemacht hat.

Er wollte nie nach Burgdorf. Er wollte überhaupt nirgendwo anders hin. Er hat auch nie in ein eigenes Haus ziehen wollen. Ihre alte Wohnung war sowieso besser als jedes Haus. Und es ist Jojo völlig egal, dass sein Vater in Burgdorf für seine Ein-Mann-Firma eine Werkstatt gefunden hat, die angeblich besser und trotzdem viel billiger als die alte ist. Oder dass seine Mutter in Burgdorf jetzt endlich wieder als Lehrerin arbeiten kann, nachdem sie ewig gar keine Arbeit hatte. Das interessiert Jojo alles überhaupt nicht. Er kapiert einfach nicht, wie jemand auf die Idee kommen kann, aus einer richtigen Stadt wegzuziehen, nur um in irgendeinem Kaff zu wohnen, wo regelmäßig irgendwelche Hunde begraben werden. Hat der Möbelpacker ja gerade erst noch gesagt!

Deshalb würde Jojo auch am liebsten die Augen gar nicht aufmachen, nachdem sie in Burgdorf angekommen sind. Natürlich ohne sich auch nur ein einziges Mal verfahren zu haben. Aber es hat Jojo schon völlig gereicht, als er an der letzten Ecke kurz geblinzelt und die Tankstelle gesehen hat. Drei einsame Zapfsäulen – das war's. Sonst nichts. Genau wie er sich Burgdorf vorgestellt hat: Langeweile hoch hundert!

Noch nicht einmal richtige Autos standen an der Tankstelle, nur ein Opel ohne Räder, auf dem mit Farbe aufgepinselt stand: Jetzt auch samstags geöffnet! Na, ist ja toll, hat Jojo noch gedacht. Aber Tanken darf man wahrscheinlich sowieso nur montags. Dienstags ist Ölwechsel dran, mittwochs Scheiben putzen, donnerstags Sitze absaugen und freitags kriegt man die Reifen abmontiert.

„He, genug gepennt, wir sind da!“ Der Möbelpacker rammt ihm den Ellbogen in die Seite.

Jojo klettert aus dem Laster und guckt sich um. Er braucht nicht lange zu überlegen, welches wohl das Haus ist, in das sie ziehen. Es kommt nur das Haus direkt vor ihm infrage. An den Fenstern hängen keine Gardinen und im Vorgarten stapeln sich leere Farbeimer. Ansonsten ist nicht viel zu sehen. Einfach ein Haus aus dunkelroten Klinkern mit einer Haustür und einem kleinen Fenster rechts und einem großen Fenster links. Vor dem kleinen Fenster ist ein Gitter. Gleich darüber fängt das Dach an. Mit noch zwei Fenstern in der Dachschräge, die offensichtlich neu sind. Jedenfalls quillt neben den Fensterrahmen gelbe Isolierwolle hervor. Ganz oben auf dem Dach ist ein Schornstein mit einem Blitzableiter. Und dann nur noch blauer Himmel.

Jojo stellt sich vor, er könnte fliegen. Einfach in das endlose Blau hinein und weg. Immer weiter. Bis zur Ostsee vielleicht. Wo Tommi gerade eine Sandburg am Wasser baut und darauf wartet, dass die nächste Welle in den Graben läuft. Und ziemlich blöd guckt, als plötzlich Jojo neben ihm steht …

„Okay, Leute, los geht's!", brüllt plötzlich von irgendwoher eine Stimme.

Jojo braucht einen Moment, bis er sich wieder zurechtfindet. Er ist nicht an der Ostsee, sondern steht immer noch mitten auf dem Fußweg vor ihrem neuen Haus. Am Feld 14. In Burgdorf.

Seine Eltern sind gerade eben angekommen. Sabine ist gefahren und Wilfried quält sich stöhnend unter den Kartons hervor. Dann schließt er die Haustür auf. Die Möbelpacker machen sich an die Arbeit.

„Ich könnte ein bisschen Hilfe gebrauchen, Jojo!", ruft seine Mutter zu Jojo herüber und wedelt mit einer prall gefüllten Plastiktüte in der Gegend herum.

Aber Jojo zuckt nur mit den Schultern und schnappt sich erst einmal sein Fahrrad, das der Möbelpacker mit den Klodeckelhänden gerade aus dem Laster hebt.

Ein knallrotes Mountainbike mit Vorderradfederung, Shimano-Bremsen und Speed-Schaltung, das er gerade erst zu seinem neunten Geburtstag bekommen hat. Und das er fahren will, bis er alt genug ist, um sich endlich einen roten Ford Mustang zu holen.

Jojo reibt mit einem Zipfel seines T-Shirts über den Lenker, bis die fettigen Fingerabdrücke verschwunden sind, die der Möbelpacker hinterlassen hat.

Im nächsten Moment kommt ein Junge auf dem Fußweg angefahren. Auch mit einem Fahrrad. Wobei „Fahrrad" deutlich übertrieben ist: Das Ding ist kaum mehr als eine klappernde Rostlaube mit einem affigen Lenker mit bunten Bändern an den Griffen und einem Plastiksattel, der aussieht wie eine Banane. Der Junge, der auf dem Bananensattel sitzt, ist ziemlich dick und hat ein T-Shirt mit einem Totenkopf an – mit gekreuzten Knochen darunter, wie auf einer Piratenflagge.

Er klingelt und kurvt haarscharf an Jojos Vorderrad vorbei. Jojo hört, wie er dabei irgendetwas vor sich hinschimpft. So etwas wie: „Mach doch Platz, du blöder Affe!"

So viel zum Thema neue Freunde, denkt Jojo, und schiebt sein Hai-Bike in die Garage, wo er es genau in der Mitte ordentlich auf den Ständer stellt und noch einmal liebevoll über den Lenker streichelt. Dann beschließt er, sich erst einmal den Garten anzugucken.

Zwischen der Garage und der Hauswand gibt es einen schmalen Durchgang. Der Garten dahinter ist ziemlich groß. Aber entweder waren die Leute, die vor ihnen hier gewohnt haben, Gemüsegroßhändler oder irgendetwas stimmte nicht mit ihnen. Jedenfalls kann Jojo in dem ganzen Garten keinen einzigen Fleck entdecken, auf dem nicht irgendwelche Beete angelegt sind. Und genau in der Mitte, wo jeder normale Mensch einen Pool hätte, oder wenigstens einen Goldfischteich, steht ein Gewächshaus. Mit vor Schmutz blinden Scheiben und mit einer Tür, vor der eine Vogelscheuche steht.

Die Vogelscheuche sieht allerdings echt gut aus, findet Jojo. Fast so, als wäre sie gar keine Vogelscheuche, sondern …

Jojo macht einen Schritt auf das Gewächshaus zu und ruft: „Buh!“

Und die Vogelscheuche bewegt sich! Sie hebt ganz langsam den Kopf und starrt Jojo an, als wäre er gerade vom Himmel gefallen und hätte kleine Antennen auf seinem Kopf. Oder überall grüne Beulen.

Jojo bleibt vor Schreck der Mund offen stehen. Die Vogelscheuche lebt! Unter dem Hut und dem alten Mantel steckt ganz eindeutig ein Mann. Ein alter Mann. Aber wieso steht bei ihnen im Garten ein alter Mann?

Jojo guckt sich schnell noch einmal um, ob das Gewächshaus wirklich zu ihrem Garten gehört. Aber er kann keinen Zaun oder sonst irgendetwas entdecken.

Der Alte starrt ihn immer noch an. Jojo weiß nicht, was er machen soll. Also nickt er nur und sagt: „Hallo! Alles klar?"

Der Alte nickt zurück und sagt: „Viel zu heiß heute. Da wird dem Faulen angst und bange."

„St-stimmt", stottert Jojo. Obwohl er keine Ahnung hat, was der Alte meint. So heiß ist es nämlich gar nicht. Aber Jojo hält es für sicherer, dem Mann einfach recht zu geben.

„Also dann", sagt Jojo.

Der Alte sagt gar nichts.

Jojo nickt noch einmal und macht, dass er wegkommt.

Zum Glück steht die Terrassentür offen. Zwei Möbelpacker schleppen gerade schnaufend Sabines Klavier hinein.

Wilfried guckt ein bisschen irritiert, als die Möbelpacker das Klavier jetzt über den frisch lackierten Parkettboden schieben. „Vorsicht, Leute!“, ruft er.

„Schon klar“, meint der eine Möbelpacker. Aber das Klavier hebt er trotzdem nicht an.

Verzweifelt verdreht Jojos Vater die Augen. Als er Jojo sieht, sagt er: „Sabine sucht dich. Sie ist oben in deinem neuen Zimmer. Und, wie gefällt dir unser neues Zuhause?“, will er dann noch wissen.

Aber Jojo zuckt nur mit den Schultern und steigt die Treppe hoch. Alles riecht noch nach frischer Farbe. Jojo muss allerdings zugeben, dass das Haus innen schöner ist, als es von außen aussieht. Und die Zimmer im ersten Stock sind sogar richtig gut. Alle Räume haben schräge Decken und sind mit Holz verkleidet. Rechts ist das Schlafzimmer seiner Eltern mit einem kleinen Balkon über der Terrasse und geradeaus gibt es ein Badezimmer mit weißen Kacheln und gelben Wasserhähnen am Waschbecken und an der Badewanne. Auch die Türgriffe sind gelb. Links kommt erst Sabines Arbeitszimmer und dann sein eigenes Zimmer. In dem hängt seine Mutter gerade den grünen Vorhang mit den bunten Papageien am Fenster auf. Das ist wegen der Dachschräge gar nicht so leicht.

Aber zu zweit kriegen sie es dann doch ganz gut hin. Als sie fertig sind, fragt Jojo: „Darf ich mein Bett unters Fenster stellen? Dann habe ich den Himmel genau über mir, das muss gut sein!“

Sabine nickt und streicht ihm über seine Cap. „Das klingt sehr gut“, bemerkt sie.

„Aber es ist mein Zimmer“, sagt Jojo schnell. „Nicht, dass du dann ständig hier ankommst und von meinem Bett aus die Sterne beobachten willst!“

Sabine lacht. Und Jojo lacht zurück. Vielleicht wird es doch gar nicht so schlecht in ihrem neuen Haus, denkt er.

Einen Moment stehen Jojo und seine Mutter noch nebeneinander am Fenster. Sie gucken über die Straße und den Möbellaster hinweg zu dem Haus gegenüber, bei dem jeder Fensterrahmen in einer anderen Farbe gestrichen ist. Das sieht irgendwie fröhlich aus.

„Vielleicht sollten wir es bei uns genauso machen“, überlegt Sabine laut.

„Unbedingt“, meint Jojo. „Und die Haustür streichen wir knallrot!“

„Machen wir.“

Jojo und Sabine lachen sich wieder an.

Von der Treppe her hören sie die aufgeregte Stimme seines Vaters. „Vorsicht, Leute, es ist doch alles gerade erst frisch gestrichen!"

Gleich darauf rumst irgendetwas Schweres gegen das Geländer. Oder die Stufen. Oder die Wand. Einer der Möbelpacker flucht laut vor sich hin.

„Weißt du was? Lauf doch mal schnell zum Supermarkt vorne an der Ecke und hol frische Brötchen und ein bisschen Wurst und Käse", schlägt Jojos Mutter vor. „Ich fürchte, wir müssen irgendetwas tun, um die Möbelpacker bei Laune zu halten. Nicht, dass sie uns sonst noch das halbe Haus zertrümmern!"

3. Kapitel
James Bond greift ein

Jojo denkt natürlich nicht im Traum daran, zu Fuß zum Supermarkt zu laufen. Normalerweise legt er keinen Meter ohne sein neues Mountainbike zurück. Deshalb schlägt er jetzt auch den Weg zur Garage ein. Aber genau vor dem Tor haben die Möbelpacker inzwischen ausgerechnet die große Schrankwand abgestellt. Jojo bleibt also gar nichts anderes übrig, als sich tatsächlich zu Fuß aufzumachen.

Er ist schon fast an der Ecke zur Hauptstraße, als ihm einfällt, dass er seiner Mutter gar nichts von dem alten Mann in ihrem Garten erzählt hat. Er hat überhaupt nicht mehr daran gedacht. Aber wenn er zurückkommt, muss er unbedingt als Erstes nach dem Alten gucken!

Rechts ist die Tankstelle, die Jojo schon kennt. Der Opel ohne Räder ist nach wie vor das einzige Auto. Als Jojo um die Ecke biegt, sieht er schon die Reklametafeln des Supermarkts. Direkt an der Einfahrt zum Parkplatz steht noch ein hellgrün gestrichenes Haus, das früher wahrscheinlich ein Bauernhaus war. Als Burgdorf wirklich noch ein Dorf war. Und das Haus haben sie dann einfach vergessen abzureißen, als der Supermarkt und die neuen Geschäfte ringsum gebaut wurden. Genauso wie die Tankstelle, die auch eindeutig einer vergessen hat! Auf der Tür steht mit Klebebuchstaben: *PIZZIGRILLI – Indische und italienische Spezialitäten*.

Bescheuert, denkt Jojo. Außerdem riecht es einfach nur nach Currywurst, da ist er sich ziemlich sicher.

Gerade will er weitergehen, als die Tür auffliegt. Drei Jungen kommen aus der Imbissbude, die alle deutlich größer sind als Jojo. Der eine hat eine Schale Pommes mit Majo in der Hand und stellt sich Jojo in den Weg.

„Hallo!", sagt Jojo und macht einen Schritt zur Seite.

Der mit den Pommes macht den gleichen Schritt.

Jojo dreht sich um.

Hinter ihm stehen die beiden anderen und grinsen ihn an.

Jojo weiß, dass es Ärger geben wird, ganz egal, was er macht. Die Jungen wollen ihn nicht vorbeilassen. Wahrscheinlich fangen sie auch gleich noch an, ihn hin und her zu schubsen. Oder der eine lässt seine Pommes fallen und behauptet dann, Jojo wäre schuld gewesen.

Jojo wünscht sich, dass er nicht Jojo wäre, sondern James Bond. Dann wären die drei Typen null Problem für ihn. Er würde ihnen erst irgendeinen Spruch servieren und im nächsten Moment würde er sie auch schon durch die Luft fliegen lassen wie ein paar platt gedrückte Coladosen …

„Schicke Mütze, echt!“ Der eine Junge kommt näher und fegt Jojo die Chicago-Mütze vom Kopf.

Jojo bückt sich, um sie wieder aufzuheben.

„Is was, Kleiner?“, fragt der Junge grinsend. „Wolltest du was sagen, oder was?“

Und plötzlich ist Jojo ganz ruhig. „Okay, Leute“, sagt er, während er sich aufrichtet und gleichzeitig die rechte Hand in die Hosentasche schiebt, „dann passt mal gut auf …“

Der mit den Pommes fragt misstrauisch: „Was hast du denn da in deiner Tasche?“

Und der Junge, der ihm die Mütze vom Kopf geschlagen hat, macht nur: „Hä?“

Jojo zieht die Hand aus der Tasche. Sein Jo-Jo hat er zwischen Daumen und Mittelfinger geklemmt. Und mit einer einzigen Bewegung aus dem Handgelenk heraus lässt er jetzt die kleine Scheibe von der Hüfte in einem perfekten Loop nach oben schnellen. Als sich die Schnur strafft, ist das Jo-Jo nur noch ein paar Zentimeter von dem Gesicht des Jungen entfernt.

Erschreckt macht er einen Satz zurück und stößt gegen seinen Kumpel mit den Pommes. Die Pommes landen als weißgelber Matschfleck auf dem Boden.

„Cool!“, ruft im gleichen Moment jemand und klatscht Beifall. Ein Mädchen. Kaum größer als Jojo. Und vielleicht ein bisschen älter. Es hat eine fleckige Parkajacke an und eine Jeans, die eigentlich nur noch aus Löchern besteht. Und aus ein paar Sicherheitsnadeln, damit die Löcher nicht verloren gehen.

„Und jetzt lasst ihn in Ruhe“, sagt das Mädchen zu den anderen und fasst Jojo am Arm. „Er gehört zu mir.“

„He, ist ja gut, ja … Konnten wir doch nicht wissen, Mann!“ Die Jungen weichen zurück, als wäre tatsächlich gerade James Bond aufgetaucht. Während das Mädchen Jojo einfach mit sich zieht, starren sie ihnen mit offenen Mündern hinterher.

„Das sind nur Blödmänner“, erklärt das Mädchen. „Der, der dir die Mütze vom Kopf gehauen hat, ist mein Bruder. Mein großer Bruder. Ich hab auch noch drei kleine. Und noch eine kleine Schwester, aber die zählt nicht. Ist noch ein Baby …“

„Klar“, nickt Jojo, „logisch.“ Er rechnet schnell aus, dass sie dann bei dem Mädchen zu Hause ja sechs Kinder sein müssen. Ziemlich viele, findet Jojo, aber er sagt lieber nichts. Nicht, dass das Mädchen sich vielleicht über ihn lustig macht, weil er überhaupt keine Geschwister hat.

„Coole Mütze“, sagt das Mädchen jetzt. „Und die Nummer mit dem Jo-Jo war echt …“

„Cool?“, fragt Jojo und grinst.

„Cool“, nickt das Mädchen.

„Kennst du den?“, will Jojo wissen und holt wieder sein Jo-Jo aus der Tasche. Er wirft einen

Sleeper und setzt die rollende Scheibe ganz sanft auf den Boden. Wie an einer Hundeleine rollt sie nach vorn. Jojo läuft hinterher. „Komm, Fiffi, komm her!“, ruft er mit verstellter Stimme. „Nein, nicht da an den Baum pinkeln! Komm sofort zurück. Hierher!“ Er stoppt das Jo-Jo, lässt es zurückschnellen und verstaut es in seiner Tasche.

Das Mädchen lacht und klatscht wieder Beifall. „Du bist der Neue, stimmt's?“, fragt es dann. „Ihr seid heute erst eingezogen.“

Jojo nickt. „Stimmt.“

„Wir wohnen im Haus gegenüber.“

„In dem mit den bunten Fensterrahmen?“, platzt Jojo heraus.

„Bescheuert, ich weiß. Aber das war meine Mutter. Ich heiße übrigens Pia. Und du?“

„Jojo.“

„Logisch.“

„Nein, nein“, versucht Jojo zu erklären, „es hat mehr was damit zu tun, dass ich eigentlich Jonas heiße. Jonas Jostmann.“

„Logisch“, wiederholt Pia. „Mit so einem Namen würde ich mich auch lieber Jojo nennen.“

Sie stehen auf dem Parkplatz vor dem Supermarkt.

„Ich muss noch was einkaufen“, sagt Jojo, „für die Möbelpacker. Was zu essen.“

„Gibst du mir ein Eis aus?“, fragt Pia.

„Klar.“ Jojo nickt, ohne zu zögern. Schließlich hat Pia ihm ja vorhin sozusagen das Leben gerettet.

Aber als Jojo sich dann an der Wursttheke anstellt, ist Pia plötzlich verschwunden. Sie taucht erst an der Kasse wieder auf.

Jojo stutzt, als er sieht, was Pia in der Hand hält.

„Ich hab dich gefragt“, erklärt Pia achselzuckend und legt ihr Eis auf das Laufband: Vanille-Schoko. Allerdings gleich eine Familienpackung!

„W-willst du das etwa alleine essen?“, stottert Jojo.

„Erdbeer hatten sie nicht", sagt Pia, als wäre damit Jojos Frage beantwortet.

Jojo bezahlt alles. Das Geld, das ihm seine Mutter mitgegeben hat, reicht gerade so eben.

„Man sieht sich", sagt Pia und schnappt sich ihr Eis. Sie ist schon zur Tür hinaus und verschwunden, noch bevor Jojo seine Tüte gepackt hat.

Jojo überlegt, ob Pia mit dem Eis nach Hause gerannt ist, um es mit ihren Geschwistern zu teilen. Oder ob sie irgendwo ein Versteck hat, wo sie das Eis dann allein aufisst. Wahrscheinlich das Letztere, denkt Jojo. Pia hätte ihn ruhig einladen können, schließlich hat er ja auch bezahlt. Und Vanille-Schoko ist sein absolutes Lieblingseis. Außerdem findet er Pia irgendwie … cool!

Erst als Jojo wieder am Schnellimbiss vorbeikommt, fällt ihm ein, dass er vielleicht besser woanders entlanggelaufen wäre. Aber Pias großer Bruder und seine Kumpel sind nirgends zu sehen.

Falsch.

Sie sind nur nicht mehr am Schnellimbiss. Dafür lungern sie jetzt an der Tankstelle herum. Und natürlich haben sie Jojo kaum entdeckt, da kommen sie auch schon an.

4. Kapitel
Ein Totenkopf im Gebüsch

Jojo überlegt, ob er schnell wegrennen soll, aber es ist schon zu spät. Sie versperren ihm wieder den Weg.

„Du kennst also meine Schwester", stellt der eine von ihnen fest. Der, der ihm vorhin die Mütze vom Kopf geschlagen hat.

Jojo nickt.

„Hier, willst du eine?" Pias Bruder hält Jojo eine Schachtel Zigaretten hin.

Jojo schüttelt den Kopf.

„Nimm ruhig", sagt Pias Bruder, „sind keine echten. Ist Schokolade drin."

Jojo zieht eine Schokoladenzigarette aus der Schachtel. Die Jungen bedienen sich ebenfalls. Irgendwie ist Jojo nicht so ganz klar, worauf das

Ganze hinauslaufen soll. Aber spätestens, wenn sie ihn nach Feuer fragen, muss er vorsichtig sein. Das weiß er aus einem Krimi, den er einmal gesehen hat. Da haben sie auch einen nach Feuer gefragt und im nächsten Moment hat er eins auf die Rübe gekriegt. Allerdings würde es keinen großen Sinn machen, bei einer Schokoladenzigarette nach Feuer zu fragen, denkt Jojo.

Sie fragen ihn auch nicht nach Feuer. Stattdessen haut ihm Pias Bruder nur auf die Schulter und sagt: „Die Nummer mit dem Jo-Jo war echt gut, Kleiner. Hast du noch mehr Tricks auf Lager?"

„Klar", antwortet Jojo. „Wenn ihr wollt, kann ich euch mal ein paar Sachen zeigen. Aber es wäre schon ganz gut, wenn ihr vorher ein bisschen übt. Damit ihr die Grundlagen draufhabt."

„Verstehe", meint Pias Bruder und sieht aus, als würde er angestrengt nachdenken.

Dann haut er Jojo gleich noch einmal auf die Schulter. „Na ja, wir müssen jetzt wieder los. Also, man sieht sich, Kleiner."

Sie nicken ihm alle drei zu und gehen zurück zur Tankstelle.

Jojo biegt mit zittrigen Knien in die Straße ein, in der er ab heute wohnt. Ihm ist ein bisschen schwindlig und er hat das dumme Gefühl, dass er irgendwie nicht so ganz durchblickt. Null. Nada. Niente.

Er lässt die Schokoladenzigarette zwischen den Lippen hin- und herrollen, bis das Papier durchgeweicht ist und festklebt. Bescheuert, denkt er, während er sich einen Papierfetzen von der Lippe zupft. Dann wickelt er kurz entschlossen die Schokolade ganz aus und schiebt sie sich in den Mund. Im Weitergehen übt er noch ein bisschen Amerikanisch: „Hello, Darling, I'm Jojo. And what's your name? Oh, Pia! Nice name. Well, nice to meet you …"

Als Jojo zum Haus kommt, ist der Laster schon leer geräumt. Jojo schiebt sich an den Kartons vorbei, die sich im Flur stapeln. Die Möbelpacker haben es sich auf dem Sofa im Wohnzimmer gemütlich gemacht. Die Schrankwand ist aufgebaut und sein Vater ist schon dabei, seine Anlage zu verkabeln. Seine Mutter bringt gerade frischen Kaffee aus der Küche.

„Ein Bier wäre mir lieber", erklärt der Möbelpacker mit den Klodeckelhänden.

„Mir auch", nickt der Fahrer.

„Bier ist immer gut", sagen die anderen beiden.

Wilfried verdreht die Augen. Dann holt er tief Luft und guckt Jojo an.

„Schon kapiert", meint Jojo und stellt die Einkaufstüte auf irgendeinem Karton ab. „Ich bin schon wieder weg."

Sabine gibt ihm noch einmal Geld. „Beeil dich", flüstert sie Jojo zu. „Und bring bloß eine Flasche für jeden. Nicht, dass die noch bis heute Abend bei uns im Wohnzimmer hocken."

Jojo grinst und steckt das Geld ein. „Keine Panik", sagt er. „Ich bin in zwei Minuten wieder da!"

Wenigstens kann er diesmal sein Fahrrad nehmen, denkt er und geht zur Garage. Er reißt die Augen auf. Und macht die Augen wieder zu und noch einmal auf. Aber es hat sich nichts verändert: Die Garage ist leer. Jojos Mountainbike ist verschwunden! Weg. Futschikato. Als wäre es nie da gewesen …

„Jojo!", hört er Wilfried von der Haustür her. „Warte mal!"

Jojo steckt seinen Kopf um die Ecke. Vielleicht hat sein Vater das Fahrrad woanders hingestellt. Klar, so wird es sein. Völlig logisch eigentlich. Weil er die Garage leer haben wollte für ihr Auto.

Das hätte er ihm natürlich auch gleich sagen können, denkt Jojo. Damit hätte er ihm zumindest einen großen Schrecken erspart.

Aber es geht gar nicht um sein Fahrrad.

„Ich muss selber fahren!“, ruft Wilfried. „Du kriegst ja gar kein Bier, du bist ja noch zu jung. Da habe ich eben nicht dran gedacht. Willst du mit?“

Jojo schüttelt den Kopf. „Nein, äh, ich meine, ich kann nicht, weil …“

„Ist schon okay“, ruft sein Vater. „Ich bin ja auch gleich zurück.“ Er steigt in den alten Passat und lässt den Motor an.

Vielleicht hat er das Fahrrad ja tatsächlich woanders hingestellt, denkt Jojo. Oder seine Mutter. Oder die Möbelpacker.

Jojo guckt vor der Hecke auf dem Fußweg. Und für alle Fälle auch gleich noch bei den Nachbarn in die Garage. Da steht zwar ein Fahrrad, aber leider nicht Jojos, sondern nur die Rostlaube von dem Dicken von vorhin, mit dem Totenkopf-T-Shirt.

Jojo geht wieder zurück und guckt noch einmal in die Garage. Aber sein Fahrrad ist nach wie vor verschwunden. Er geht ums Haus herum in den Garten. Der alte Mann vor dem Gewächshaus ist nicht mehr da. Genau wie das Fahrrad, denkt Jojo. Er überlegt einen Moment, ob es da irgendeinen Zusammenhang geben könnte. Ob der Alte vielleicht … Nein. Der Alte sah nicht so aus, als würde er Fahrräder klauen. Eher so, als wüsste er gar nicht, was ein Fahrrad überhaupt ist.

Durch die offene Terrassentür hört Jojo die Stimmen der Möbelpacker. Auf keinen Fall kann er da jetzt reingehen und Sabine erzählen, dass das Fahrrad weg ist. Die Möbelpacker würden sich garantiert darüber kaputtlachen, wie jemand so blöd sein kann, sich gleich in der ersten halben Stunde das Fahrrad klauen zu lassen.

Plötzlich sieht Jojo aus den Augenwinkeln eine Bewegung. In den Büschen neben dem Gewächshaus, wo der Zaun zum Nachbargarten ist. Da ist jemand! Jojo kann ganz deutlich erkennen, wie sich die Zweige bewegen. Er duckt sich und schleicht zum Gewächshaus. Dann wartet er einen Moment, ob er vielleicht irgendein Geräusch hört. Nichts. Nur ein Vogel zwitschert. Aber dann knackt plötzlich ein trockener Zweig …

Vorsichtig schiebt Jojo den Kopf um die Ecke – und guckt genau in ein Gesicht, das zwischen den Blättern hervorstarrt und Jojo sehr bekannt vorkommt: ein ziemlich dickes Gesicht über einem schwarzen T-Shirt. Und auch ohne das T-Shirt genau sehen zu können, weiß Jojo, dass ein Totenkopf darauf ist.

Als der Junge begreift, dass Jojo ihn entdeckt hat, will er abhauen. Aber Jojo ist schneller. Mit zwei Sprüngen ist er zwischen den Büschen am Zaun, wo der andere gerade verzweifelt versucht, sein Bein über die oberste Latte zu kriegen.

Jojo erwischt ihn am Fuß. Er klammert sich mit beiden Händen an den Turnschuh. Im nächsten Moment knackt die Latte und bricht. Der Dicke schreit auf und rudert mit den Armen, dann stürzt er rückwärts zu Boden und reißt Jojo im Fallen mit sich.

Keuchend kommt Jojo wieder hoch.

Der Junge starrt ihn mit weit aufgerissenen Augen an. Auf seiner Stirn glänzen Schweißtropfen. Er hat Angst vor Jojo, so viel ist klar.

„Hast du mein Fahrrad geklaut?“ Jojo holt tief Luft.

Der Dicke antwortet nicht.

„He“, sagt Jojo, „dich kenne ich. Du bist doch der Typ von vorhin. Ich will nur wissen, ob du mein Fahrrad hast. Ein rotes Mountainbike …“

Der Junge schüttelt den Kopf.

„Wie heißt du überhaupt?", fragt Jojo. „Und was willst du bei uns im Garten?"

„Jannis", antwortet der Junge. „Ich wohne in dem Haus neben euch. Aber ich hab dein Fahrrad nicht geklaut, echt nicht! Ich wollte nur mal gucken, was bei euch so abgeht …"

„Okay", sagt Jojo und streckt Jannis die Hand hin. „Los, steh auf. Ich tu dir nichts. Aber beim nächsten Mal kannst du ja vielleicht vorne durch die Tür kommen, so wie andere Leute auch. – Ich heiße übrigens Jojo", setzt er dann noch hinzu.

Jannis grinst. „Echt?", fragt er. „Jojo? Wie so ein Jo-Jo, oder was? Ist ja der Hammer!"

Jojo zuckt mit den Schultern. „Eigentlich Jonas. Jonas Jostmann."

„Jojo ist besser", erklärt Jannis. „Echt der Hammer irgendwie."

„Dein T-Shirt ist auch der Hammer", sagt Jojo.

„Kannst du haben, wenn du willst …"

Jannis zerrt sich sein T-Shirt über den Kopf. Jojo starrt ihn mit offenem Mund an. Jannis trägt zwei T-Shirts übereinander. Und unter dem Totenkopf-T-Shirt hat er noch einmal genau das gleiche an!

„Da-danke“, stottert Jojo verblüfft. „Wenn du willst, können wir ja irgendwann mal was zusammen machen, ich meine, nur wenn du Lust hast natürlich …“

„Jetzt gleich?“, fragt Jannis.

„Was?“

„Wir können auch gleich was machen. Ich hab Zeit.“

„Also … ich glaube, ich muss erst mal rein und meinen Eltern sagen, dass mein Fahrrad weg ist, sonst kriege ich Ärger.“ Aus dem Haus kann Jojo wieder die Möbelpacker hören, die gerade begeistert losbrüllen und Beifall klatschen. Offensichtlich ist sein Vater mit dem Bier zurück. Und vielleicht kann er Sabine jetzt in der Küche abpassen, ohne dass gleich alle etwas mitkriegen.

„Also dann“, sagt Jojo.

„Warte mal!“ Jannis legt die Stirn in Falten, als würde er angestrengt nachdenken. „Das ist Quatsch“, erklärt er dann. „Wenn du das jetzt deinen Alten erzählst, kriegst du sowieso nur Ärger. Es ist besser, wenn wir erst mal dein Fahrrad suchen. Wir nehmen einfach meins. Ich hab so einen Sattel, auf dem man gut zu zweit sitzen kann. Und dann fahren wir rum und suchen."

Klingt irgendwie einleuchtend, findet Jojo. „Okay", nickt er, „wenn du Zeit hast …"

Jannis grinst und hebt den Daumen. „Ist gebongt."

Die beiden schleichen durch den Garten zu Jannis' Garage und holen sein Fahrrad.

Jojo zieht sich das neue T-Shirt über, das so groß ist, dass es ihm fast bis an die Knie reicht. Dann klettert er hinter Jannis auf den Bananensattel.

„Es geht los!", freut sich Jannis. „Halt dich fest, ich gebe Vollgas!" Er stemmt sich so stark in die Pedale, dass der Kies vor der Garage nach allen Seiten wegspritzt.

Jojo klammert sich schnell an der Rückenlehne fest.

5. Kapitel
Es wird noch mehr geklaut

In der nächsten halben Stunde kurven sie kreuz und quer durch die Siedlung. Von einer Straße in die nächste. Und wieder zurück. Bis Jojo keine Ahnung mehr hat, wo sie eigentlich gerade sind. Und ob sie in derselben Straße nicht vielleicht schon einmal waren.

Sie sehen auch jede Menge Fahrräder. Nur Jojos Mountainbike ist nicht dabei. Aber dafür erfährt Jojo so ziemlich alles über die Gegend, was Jannis weiß. Und das ist nicht gerade wenig, weil Jannis nämlich schon von Anfang an hier wohnt, seit er geboren ist. Seit zehn Jahren also schon.

Jannis redet ohne Pause. Gerade erzählt er von irgendeinem alten Mann, der in derselben Straße wie sie wohnt und eine Macke haben soll. „Opa

Pfennig ist nicht mehr ganz dicht. Hat eine Macke, verstehst du? Ballaballa. Plemplem. Er findet manchmal nicht alleine nach Hause und steht dann plötzlich bei irgendwelchen Leuten vor der Tür. Aber sonst ist er eigentlich ganz nett."

„Kann es sein, dass er einen langen Mantel anhat und einen Hut auf?", fragt Jojo vorsichtig.

„Er hat eine Macke, sag ich doch", sagt Jannis.

Aber am schlimmsten sei es bei Fabian, erzählt er gleich weiter. Da hätten nämlich alle eine Macke. Vor allem Alex, Fabians großer Bruder, der Jannis gestern seine Schokoladenzigaretten weggenommen hat. Die Jannis gerade erst gegen ein Autoquartett eingetauscht hatte. „Und Pia hat sowieso eine Macke", erklärt Jannis. „Alleine wie die schon rumläuft!"

Nach und nach kapiert Jojo, dass Fabian offensichtlich der kleine Bruder von Alex und Pia ist, die Jojo ja beide schon kennt. Und Fabian ist bei Jannis in der Klasse. In die vielleicht auch Pia kommt, weil sie nämlich sitzen geblieben ist.

„Und du wahrscheinlich auch", vermutet Jannis. „Dann müssen wir uns unbedingt nebeneinander setzen."

„Klar", meint Jojo, „machen wir."

Dann erzählt Jannis noch, dass Fabians Vater Polizist ist. Aber dass er nicht der Vater von Pia und Alex ist. Weil der abgehauen ist. Nach Amerika. Während Jannis' eigener Vater aus Amerika kommt! Wo er mitten in der Wüste gearbeitet und bei vierzig Grad Hitze nach Öl gebohrt hat.

„Und dein Vater?", fragt Jannis. „Was macht der?"

„Wilfried baut Lautsprecherboxen", sagt Jojo. „Für Rockbands und so."

„Hammer!", meint Jannis.

„Mein Onkel ist übrigens auch in Amerika", schafft es jetzt zur Abwechslung einmal Jojo zu erzählen. „Er ist Privatdetektiv. In New York und …"

„Hammer", unterbricht ihn Jannis gleich wieder. „Wenn ich später nicht Pirat werde, werde ich auch Privatdetektiv."

Wobei sich Jojo nicht so ganz sicher ist, ob Privatdetektiv wirklich das Richtige für Jannis ist. Eher vielleicht Nachrichtensprecher im Fernsehen.

Aber Jannis scheint ganz in Ordnung zu sein, denkt Jojo. Er redet eben nur ein bisschen viel. Und langsam sollten sie vielleicht lieber einmal anfangen, einen Plan zu machen, wie sie Jojos Mountainbike wiederfinden …

Als sie um die nächste Ecke biegen, kommt ihnen der Möbellaster entgegen. Jojo tippt Jannis auf die Schulter. „Ich glaube, es ist besser, wenn ich mich mal wieder zu Hause blicken lasse“, sagt er.

„Dasselbe wollte ich auch gerade vorschlagen“, meint Jannis und bremst genau vor Jojos Haustür. Er wischt sich ein paar Schweißtropfen von der Stirn. „Ist irgendwie echt anstrengend als Detektiv. Lass uns morgen weitersuchen, okay?“

„Vielleicht sollten wir erst mal einen Plan machen“, bemerkt Jojo. „Einfach nur in der Gegend rumfahren, bringt es nicht. Außerdem waren wir ja schon überall.“

„Aber nicht auf dem Schrottplatz“, grinst Jannis. „Hinter der Tankstelle. Du wirst dich wundern, Alter, was du da zu sehen kriegst.“ Jannis hebt den Daumen zum Abschied und kneift ein Auge zu.

Als Jojo zur Haustür hereinkommt, begrüßt ihn Sabine: „Das freut mich ja, dass du so schnell einen neuen Freund gefunden hast. Wie heißt er denn?“ Offensichtlich hat sie Jojo und Jannis vom Küchenfenster aus gesehen. Und jetzt will sie natürlich sofort alles über Jannis wissen.

Jojo hat keine Ahnung, warum Mütter immer so neugierig sein müssen. „Jannis“, knurrt er und will sich an seiner Mutter vorbeischieben. Aber sie hält ihn am Arm fest und drückt ihn an sich.

„Es wird alles gut“, sagt sie. „Und in null Komma nichts hast du dich eingewöhnt, glaub mir!“

Jojo bückt sich schnell, um seine Turnschuhe auszuziehen, bevor Sabine noch auf die Idee kommt, ihm einen Kuss auf die Wange zu drücken. Er hat keine Ahnung, warum Mütter einen ständig anfassen müssen. Oder an den Haaren herumfummeln. Oder versuchen, einen zu küssen. Möglichst noch in aller Öffentlichkeit.

„Und wo wohnt dieser Jannis?“

Jojo verdreht die Augen. Seine Mutter ist echt ein besonders hartnäckiger Fall. „Nebenan“, brummt er. „Und ich weiß noch nicht, ob er mein Freund ist. Ich kenne ihn nur, mehr nicht.“

„Na, immerhin habt ihr ja schon eure T-Shirts getauscht …“

„Haben wir nicht.“ Zum Beweis zieht sich Jojo das Totenkopf-T-Shirt über den Kopf, damit seine Mutter sehen kann, dass er darunter immer noch sein eigenes anhat.

„Hat er es dir geschenkt?“, fragt Sabine irritiert.

„Vielleicht“, meint Jojo grinsend, „aber vielleicht habe ich es ihm auch geklaut …“

Seine Mutter schüttelt den Kopf. „Apropos geklaut“, sagt sie. „Wir haben da ein Problem, worüber wir mit dir sprechen müssen! Wasch dir die Hände und komm zum Abendessen. Wilfried wartet schon.“

Jojo trödelt extra lange im Badezimmer. Er hat ja geahnt, dass es Ärger geben wird. Und vor allen Dingen ärgert er sich über sich selbst, weil er sein Fahrrad nicht angeschlossen hat. Ganz schön blöd! Jojo schrubbt mit der Handbürste an seinen Fingern herum, bis seine Haut ganz schrumpelig ist.

Wilfried ruft von unten: „Komm jetzt endlich, die Würstchen werden kalt!“

Kaum sitzen sie alle drei am Tisch, da legt Wilfried los: „Das ist doch wirklich eine absolute

Sauerei. Wir sind noch nicht mal richtig eingezogen, da werden wir schon beklaut. Da fragt man sich doch allen Ernstes, wo wir hier gelandet sind."

Jojo schweigt betreten.

„Das hätte in der Stadt genauso passieren können", meint Sabine.

„Ist es aber nicht. In über zehn Jahren kein einziges Mal. Aber kaum sind wir hier …"

Jojo schluckt. Bestimmt wird sein Vater wissen wollen, ob das Fahrrad auch richtig angeschlossen war …

Aber stattdessen sagt Sabine: „Vielleicht hättest du die Tür gleich richtig einhängen sollen, statt sie nur an die Wand zu lehnen."

„Was?", ruft Jojo. Er spuckt fast sein Würstchen wieder auf den Tisch. „Was für eine Tür denn?"

„Die Tür zum Garten", erklärt Wilfried. „Für den Durchgang zwischen Haus und Garage. Ich habe sie gestern erst in einem Trödelladen gefunden. Echtes Schmiedeeisen! Ich wollte nur noch den Rost abbürsten und sie neu streichen."

„Und jetzt ist sie weg", stellt Sabine fest. „Deshalb wollten wir auch mit dir reden. Offenbar wird hier tatsächlich geklaut. Also tu uns bloß den

Gefallen und schließ dein Fahrrad richtig an. Am besten an den Zaun, man kann ja nie wissen!"

„Zu spät", sagt Jojo. Allerdings guckt er dabei auf seinen Teller und redet so leise, dass seine Mutter noch einmal nachfragen muss.

„Zu spät", wiederholt Jojo, dieses Mal lauter.

„Soll das heißen …?"

Jojo nickt. Er erzählt, dass er das Fahrrad in die Garage gestellt hat. Und dass es dann weg war. Und wie er mit Jannis schon überall gesucht hat, aber …

„Na bravo!", ruft Wilfried. „Ich bin gespannt, was als Nächstes verschwindet. Ab sofort wird die Garage zugemacht und alle Türen werden abgeschlossen. Nicht, dass sie uns hier noch das Sofa unterm Hintern wegklauen!"

Noch mal Schwein gehabt, denkt Jojo. Das ging besser aus, als er befürchtet hatte. Ein Glück, dass auch Wilfrieds Tür geklaut worden ist!

Aber so leicht kommt er doch nicht davon.

„Wir haben kein Geld, um alle paar Tage ein neues Rad zu kaufen", sagt Wilfried. „Und die Versicherung zahlt bei Fahrraddiebstahl meistens auch nicht. Vielleicht guckst du mal, ob du was findest, um dein Taschengeld ein bisschen aufzubessern. Du könntest ja bei den Nachbarn den Rasen mähen oder so was."

„Aber Wilfried", hakt Sabine ein. „Er muss doch zur Schule!"

„Rasenmähen kann man auch nach der Schule", erklärt sein Vater. „Und außerdem sind noch Ferien. Ich habe mir mein erstes Fahrrad selbst verdient."

Jojo weiß, dass es keinen Zweck hat, jetzt zu sagen, dass es ja gar nicht sein erstes Fahrrad war. Oder dass er es doch von seinen Großeltern geschenkt bekommen hat und sein Vater keinen Cent dazubezahlen musste. Wenn Wilfried anfängt zu erzählen, wie es bei ihm früher war, ist jede Diskussion zwecklos.

„Ich gehe nach oben", sagt Jojo. „Und morgen kann ich ja mal bei den Nachbarn fragen …"

„Das hört sich doch gut an", meint Wilfried. „Und zur Polizei gehen wir auch. Wir müssen den Diebstahl natürlich anzeigen. Beide Diebstähle!" Er steht auf, um die Kratzer auf dem Parkettboden zu betrachten.

Und während er halblaut vor sich hin schimpft, verdrückt sich Jojo in sein Zimmer. Vielleicht steht sein Fahrrad ja morgen wieder vor der Tür. Frisch geputzt und mit einem Zettel daran: *Tut mir leid. War nur ein Versehen. Soll nicht wieder vorkommen.* Obwohl das eher unwahrscheinlich sein dürfte.

Vielleicht ist die Idee mit dem Rasenmähen bei den Nachbarn gar nicht so blöd. Nur für den Fall, dass sie sein Fahrrad tatsächlich nicht wiederfinden. Wenn er sich zum Beispiel mit Jannis zusammentut und sie überall in der Siedlung den Rasen mähen und für einmal Rasenmähen fünf Euro nehmen, dann sind das bei zehn Häusern schon fünfzig Euro. Aber da sie ja zu zweit sind, ist es nur fair, wenn jeder von ihnen fünf Euro kriegt, also zehn Euro pro Haus, macht bei zehn Häusern schon hundert Euro! Und es gibt mindestens dreißig Häuser in der Siedlung, also dreihundert Euro, und das jede Woche! Nicht schlecht, denkt Jojo. Wilfried wird ganz schön blöd gucken, wenn sein Sohn plötzlich nicht nur ein Fahrrad hat, sondern drei oder vier. Und für eine neue Gartentür würde das Geld wahrscheinlich auch noch reichen.

Obwohl das natürlich alles Quatsch ist. Sie müssen sein Fahrrad wiederfinden. Onkel Harry in New York würde garantiert auch nicht Rasen mähen, wenn plötzlich sein Ford Mustang weg wäre. Onkel Harry würde die ganze Stadt auf den Kopf stellen, bis er den Typen gefunden hätte, der sich den Mustang unter den Nagel reißen wollte.

Gleich morgen früh, nachdem sie bei der Polizei waren, wird er also die ganze Siedlung auf den Kopf stellen. Jojo natürlich, nicht Onkel Harry. Aber diesmal richtig! Und der Schrottplatz, von dem Jannis geredet hat, ist vielleicht genau der richtige Ort, um mit der Suche zu beginnen. Im Fernsehen klappern die Detektive auch manchmal die Schrottplätze ab, um eine Spur zu finden. Und dann kommen sie immer genau in dem Moment dazu, in dem die Gangster ihr Fluchtauto in der Schrottpresse zu einem Klumpen Blech zerquetschen wollen, um alle Beweise zu vernichten. Wobei es natürlich nicht so witzig wäre, wenn sie gerade Jojos Mountainbike plattmachen würden …

Mit einem Mal ist Jojo so müde, dass er es kaum noch schafft, über die Umzugskartons zu klettern, die kreuz und quer im Zimmer stehen.

Er zieht den Vorhang mit den Papageien zu. Seine Eltern haben ihm sein Bett tatsächlich genau unter das Fenster gestellt. Und wenn er jetzt nach oben guckt, ist es, als wäre er in einer Höhle, mitten im Dschungel.

Jojo zieht sich seinen Lieblingsschlafanzug an, den Sabine ihm auf die Decke gelegt hat. Und als seine Mutter dann kommt, um ihm Gute Nacht zu sagen, kann er kaum noch die Augen offen halten. Er drückt sich nur ein bisschen tiefer in sein Kopfkissen und denkt, dass der erste Tag in Burgdorf eigentlich ziemlich aufregend war. Und wenn ihn nicht alles täuscht, werden die nächsten Tage auch nicht gerade langweilig. Klar, das heißt natürlich immer noch nicht, dass es wirklich sinnvoll war, hierher zu ziehen. Das war natürlich immer noch völliger Quatsch!

Jojo dreht sich auf die Seite und zieht sich die Decke über den Kopf. Er träumt. Völlig wirres Zeug. Und alles wild durcheinander. Von irgendwelchen Papageien, die laut kreischend über den Schrottplatz flattern, während plötzlich sein alter Freund Tommi auf einem riesigen Lkw-Reifen über irgendeinen Fluss paddelt, der vor Krokodilen nur so wimmelt. Aber die Krokodile sind gar keine Krokodile, sondern Schrottautos mit geöffneten Motorhauben. Und dann ist auf einmal

Jannis da und wedelt wie wild mit den Armen und ruft irgendetwas.

„Ich hab den Fahrraddieb!“, ruft er. „Da, der Typ auf dem Reifen, siehst du?“

„Schlaf gut, mein Kleiner“, flüstert von weit weg jemand.

„Nein“, murmelt Jojo undeutlich. „Ich kann jetzt nicht schlafen, ich muss Tommi retten. Jannis denkt, er wäre der Fahrraddieb, und die Krokodile sind auch hinter ihm her. Und gerade kommt noch Pia …“

6. Kapitel
Ein Fremder im Doppeldeckerbus

Als Jojo und sein Vater am nächsten Vormittag von der Polizei zurückkommen, lehnt Jannis schon am Zaun und wartet. Aber irgendetwas stimmt nicht. Jannis guckt sie nicht an und sagt noch nicht einmal Hallo.

„Tut mir leid, dass wir so spät dran sind“, versucht Jojo schnell zu erklären, „aber wir waren gerade bei der Polizei und das hat ewig gedauert. Wir haben unsere Geschichte mindestens drei Mal erzählt!“

„Und gebracht hat es wahrscheinlich gar nichts“, setzt Jojos Vater hinzu. „Das Ganze hätten wir uns genauso gut auch schenken können.“

Aber Jannis zuckt nur mit den Schultern und starrt weiter vor sich auf den Fußweg.

Jojos Vater guckt ein bisschen irritiert und verschwindet im Haus.

„Ist irgendwas?“, fragt Jojo. „Hast du was?“

Jannis blickt immer noch nach unten. „Erstens: Ich bin stinksauer. Zweitens: Das hätte ich euch auch gleich sagen können. Und drittens: So was tut man einfach nicht!“

„Hä?“, macht Jojo. „Ich kapiere überhaupt nichts. Wovon redest du?“

„Ist doch ganz einfach“, sagt Jannis und stößt sich vom Gartenzaun ab. Er schiebt die Hände in die Hosentaschen und kickt einen Kieselstein über den Fußweg. Dann bleibt er mit dem Rücken zu Jojo stehen und erklärt: „Stinksauer bin ich, weil ihr mich nicht mitgenommen habt. Und dass es nichts bringt, wegen einem geklauten Fahrrad zur Polizei zu gehen, weiß doch jeder. Und außerdem war das Ganze sowieso völlig bescheuert!“ Er dreht sich um und blickt Jojo wütend an. „Ich meine, wenn die Polizei jetzt schneller ist und den Fahrraddieb vielleicht wirklich erwischt, dann gucken wir ganz schön blöd aus der Wäsche. Kapierst du nicht? Das ist unser Fall, Mann! Und den dürfen wir uns nicht einfach wegschnappen lassen …“

„Warte mal“, unterbricht ihn Jojo. „Ich glaube, ich kann dich beruhigen. So, wie die Polizisten drauf waren, passiert sowieso nichts. Ich meine, die haben alles aufgeschrieben und so, aber es sah nicht so aus, als würde es sie irgendwie interessieren. Echt“, regt sich Jojo auf, „die fanden das sogar eher noch witzig, dass uns irgendjemand gleich am ersten Tag mein Fahrrad und die Gartentür geklaut hat! Weißt du eigentlich schon, dass unsere Gartentür auch weg ist? Ist sie nämlich.“

„Weiß ich“, antwortet Jannis. „Hat mir alles deine Mutter erzählt. Ich hab ja lange genug hier rumgestanden.“

„Tut mir leid“, wiederholt Jojo. Dann weiß er nicht, was er noch sagen soll. Jannis scheint immer noch sauer auf ihn zu sein. Jojo fischt sein Jo-Jo aus der Seitentasche und lässt es auf und nieder surren.

Jannis beobachtet ihn aus den Augenwinkeln. Und plötzlich sagt er: „Ich hab in der Stadt mal einen gesehen, der konnte sein Jo-Jo hochschnellen lassen wie so eine Rakete …“

„Meinst du so?“, fragt Jojo und wirft einen Sleeper. Schnell streift er die Schnur von seinem Mittelfinger. Mit einem Ruck lässt er das Jo-Jo an der Schnur nach oben rollen. Als die Kordel zu Ende ist, scheint die Scheibe für einen Moment in der Luft zu hängen, bevor sie zu fallen beginnt. Jojo schiebt sein rechtes Bein vor und hält die Tasche auf. Und es klappt: Das Jo-Jo landet genau in der Seitentasche seiner Cargohose!

Jannis starrt ihn mit offenem Mund an.

„Das nennt man eine Rakete", erklärt Jojo. „Aber es klappt nicht immer. Ist ziemlich schwierig."

Jannis klappt den Mund wieder zu. „Okay, Partner", sagt er, „dann wollen wir doch mal sehen, was du sonst noch so drauf hast." Er schwingt sich ohne ein weiteres Wort auf sein Fahrrad und nickt Jojo zu, dass er hinter ihm aufsteigen soll.

Keine zehn Minuten später sind sie da: Der Schrottplatz sieht in Wirklichkeit völlig anders aus als in Jojos Traum. Jedenfalls ist weit und breit kein einziges Krokodil zu sehen und statt bunten Papageien gibt es nur eine hässliche schwarze Krähe, die auf einem Bein durch den Dreck hüpft. Links hinter der Tankstelle kommt erst eine Bretterbude, mit Gittern vor den Fenstern. Ein Schäferhund ist draußen angebunden, der sich halb um den Verstand kläfft, als er Jojo und Jannis sieht.

Jannis legt schnell den Zeigefinger auf seine Lippen und verschwindet zwischen einer Reihe Schrottautos.

Jojo folgt ihm geduckt bis zu einem Passat, der ihn ein bisschen an ihr eigenes Auto erinnert. Nur, dass die Räder fehlen – beim Schrottauto natürlich.

Schräg gegenüber steckt ein Typ in einem ölverschmierten Overall mit dem Oberkörper unter der geöffneten Haube eines dunkelgrünen Sportwagens mit weißen Reifen.

„Ein Ford Mustang", flüstert Jannis ehrfürchtig. „So eine Karre hole ich mir später vielleicht auch mal."

„V8-Motor", flüstert Jojo zurück, „5700 Kubik, 220 PS, Automatikgetriebe."

Jannis starrt Jojo an, als hätte er ihm gerade erzählt, dass er genau so einen Wagen zum nächsten Geburtstag bekommen würde. Dann zieht er Jojo am Arm. „Los, komm weiter, bevor der Typ uns noch entdeckt!"

Sie schleichen gebückt um einen Stapel alter Reifen herum und an einem ausrangierten Krankenwagen vorbei.

„Da!" Jannis zeigt auf das dichte Gestrüpp vor ihnen. Er zerrt ein paar dornige Zweige zur Seite.

Dahinter ist ein Gang, gerade so hoch, dass man auf den Knien durchrutschen kann. Der Boden ist festgetrampelt, als würde der Pfad häufig benutzt. Jojo kriecht hinter Jannis her und sieht plötzlich rotes Blech zwischen den Ranken aufleuchten.

Erst denkt er an ein Feuerwehrauto, aber als sie durch das Gebüsch hindurch sind und sich wieder aufrichten, bleibt er wie angewurzelt stehen. „Mann“, flüstert er, „das ist ja ein …“

„Ein echter Doppeldeckerbus aus London“, sagt Jannis stolz. „Ist der Hammer, was?“

Jojo nickt.

Sogar die Kennzeichen sind noch dran, gelb, mit schwarzen Buchstaben. Und ein Aufkleber mit einer englischen Fahne darauf.

Die hintere Tür steht offen. Jannis steigt hinein. Es riecht nach Öl und altem Plastik. Jojo duckt sich erschreckt, als ein Vogel direkt über ihren Köpfen zur Tür hinausflattert.

Jannis grinst und zeigt auf die Treppe, die nach oben führt. Aber Jojo hat gerade eine leere Eispackung zwischen den Sitzen entdeckt. Eine Familienpackung! Er bückt sich. Vanille-Schoko.

„He! Komm schon!", ruft Jannis ungeduldig.

Jojo zögert. Irgendetwas stimmt hier nicht. Er guckt sich um. Außer aufgeplatzten Plastiksitzen und ein paar leeren Coladosen ist nichts zu sehen. Und trotzdem, Jojo wird das Gefühl nicht los, dass sie nicht allein in dem Bus sind.

„Mann, du nervst", meint Jannis, „jetzt komm endlich!"

Jojo hält sich den Zeigefinger vor die Lippen und schleicht von Sitzreihe zu Sitzreihe.

Jannis zeigt ihm einen Vogel und poltert die Stufen nach oben.

Direkt vor Jojo ist jetzt die Trennwand zum Fahrersitz. Jojo schiebt vorsichtig den Kopf um die

Ecke. Nichts. Nur der Sitz und das Lenkrad. Das Lenkrad ist so groß, dass Jojo sich fragt, was die Busfahrer in London wohl für Armmuskeln haben müssen, um das Ding überhaupt bewegen zu können.

Genau über sich auf dem Blechboden hört er die Schritte von Jannis. Gerade will er sich umdrehen, da bohrt sich ihm irgendetwas in den Rücken. Wie ein Revolverlauf. Gleichzeitig flüstert eine heisere Stimme: „Keine Bewegung! Hände hoch!"

Jojo hebt die Hände.

„Zur Treppe!", kommandiert die Stimme.

Der Revolverlauf drückt genau auf Jojos Wirbelsäule. Jojo merkt, wie ihm der Schweiß den Rücken hinunterläuft und wie seine Knie anfangen zu zittern.

Jannis' Gesicht erscheint oben an der Treppe. „He, was ist denn jetzt? Kommst du heute noch mal?" Dann klappt Jannis die Kinnlade herunter. Er beugt den Kopf vor, um besser sehen zu können. Schließlich grinst er: „Seid ihr blöd oder was? Was soll der Quatsch denn?" Jannis kommt die Treppe herunter.

„Da steht einer hinter mir", flüstert Jojo.

„Das sehe ich", sagt Jannis. „Aber warum hast du die Hände oben?"

„Er hat einen Revolver …"

„Haha!" Jannis tippt sich schon wieder an die Stirn.

„Haha!", macht es jetzt auch hinter Jojo. Gleichzeitig verschwindet endlich der Druck zwischen seinen Schulterblättern.

Ganz vorsichtig dreht Jojo den Kopf. Hinter ihm steht ein Junge, der ihm kaum bis zum Kinn reicht und ihn spöttisch angrinst. Seine Haare sind so lang, dass er sich alle paar Sekunden eine Strähne aus dem Gesicht pusten muss, um überhaupt etwas sehen zu können.

„Hast du das eben echt geglaubt?", fragt er jetzt und hält seinen Zeigefinger hoch, mit dem er Jojo in den Rücken gebohrt hat.

„Darf ich vorstellen?", kichert Jannis. „Fabian. Jojo."

„Ich weiß, wer er ist", sagt Fabian. „Pia hat schon von ihm erzählt. Jojo …", wiederholt er. „Bescheuerter Name.

So heißt doch keiner! – Aber du kannst die Hände jetzt trotzdem wieder runternehmen", wendet er sich dann an Jojo. „Du hast echt geglaubt, dass ich einen Revolver habe, was?"

Jojo merkt, wie er rot wird. „Quatsch, natürlich nicht, nur ganz am Anfang, aber dann ..."

Aber Fabian hört schon nicht mehr hin. Er guckt Jannis böse an: „Wieso schleppst du die Pfeife hierher? Er hat hier überhaupt nichts zu suchen. Das ist unser Versteck, Mann!"

Jetzt wird Jannis ganz rot. „Aber er ... er ist echt in Ordnung", fängt er an zu stottern. „Außerdem ist er mein Kumpel! Und da habe ich gedacht ..."

„Falsch gedacht", unterbricht ihn Fabian und pustet sich die Haare aus der Stirn.

„Aber er kann doch einfach mitmachen bei uns. Wo ist das Problem, Mann?"

„Kann er eben nicht", widerspricht Fabian.

„Vielleicht will er gar nicht mitmachen", sagt Jojo und merkt, wie er langsam sauer wird. Die beiden reden über ihn, als wäre er gar nicht da! Außerdem ärgert er sich immer noch, dass er auf Fabian hereingefallen ist. „Und die einzige Pfeife, die ich hier sehe, bist du!", setzt er deshalb noch hinzu. Dann dreht er sich um und lässt die beiden einfach stehen.

Er ist schon fast an der Tür, als Jannis ihn am Arm festhält. „He, warte doch mal!“

„Ich hab keine Zeit, ich muss mein Fahrrad suchen“, meint Jojo nur und macht sich los.

„Dein Fahrrad?“, fragt Fabian plötzlich.

Jojo bleibt stehen. „Ja, wieso? Weißt du was davon?“

7. Kapitel
Detektiv sein ist schwer

„Sein Mountainbike ist nämlich geklaut worden“, berichtet Jannis Fabian. „Das wollte ich dir gerade noch erzählen, aber du hast ja …“

„Interessant“, unterbricht ihn Fabian schon wieder. „Das könnte ein Fall sein.“

„Sag ich doch“, nickt Jannis. „Und die Gartentür von seinen Eltern ist auch weg!“

Fabian mustert Jojo argwöhnisch unter seiner Haarsträhne. „Wart ihr schon bei der Polizei?“, fragt er dann.

„Klar“, antwortet Jojo, „aber das hat nichts gebracht.“

„Natürlich nicht“, meint Fabian.

„Er muss es wissen“, erklärt Jannis, „sein Vater ist nämlich bei dem Verein.“

„Genau“, bestätigt Fabian. „Wenn du wirklich ein Problem hast, brauchst du einen Privatdetektiv. – Jannis und ich arbeiten übrigens manchmal als Privatdetektive“, setzt er dann beiläufig hinzu.

„Mein Onkel ist Privatdetektiv“, sagt Jojo.

„In New York!“, wirft Jannis schnell ein.

„Stimmt das?“, will Fabian wissen.

Jojo nickt. „Yes, that's right.“

Fabian pustet die Haare zurück und klebt sein Kaugummi auf die Sitzlehne neben sich, wo schon jede Menge anderer Kaugummis kleben. „Trotzdem“, meint er dann. „Wenn du bei uns mitmachen willst, musst du irgendwas Besonderes können. Kannst du was Besonderes?“

„Der Bus ist euer Versteck, richtig?“, fragt Jojo anstelle einer Antwort.

„Unser Büro“, bejaht Jannis stolz.

„Weiß sonst noch jemand was davon?“, erkundigt sich Jojo neugierig.

„Quatsch, natürlich nicht“, erklärt Fabian. „Sonst wäre es ja kein Versteck.“

„Früher war es mal das Versteck von Alex und den anderen Großen“, wirft Jannis ein. „Aber das ist schon lange her. Jetzt kommt außer uns keiner mehr hierher.“

„Und wieso war dann vorhin Fabians große Schwester hier?“

„Was?“

„Pia.“ Jojo zeigt auf die leere Eispackung.

„Hä?“, macht Jannis.

Jojo zuckt mit den Schultern. In ein paar kurzen Sätzen erzählt er, wie er Pia getroffen hat. Und wie sie dann mit der Eispackung abgezogen ist. Er wischt mit dem Zeigefinger über die Eisreste in dem Karton. „Guckt selber“, sagt er. „Noch frisch.“

„Hammer“, sagt Jannis ehrlich beeindruckt.

„Nur ein bisschen Detektivarbeit“, winkt Jojo bescheiden ab.

„Pia zählt nicht“, erklärt Fabian. „Außerdem habe ich natürlich gewusst, dass sie manchmal hier ist. – Aber ist schon okay“, setzt er gleich darauf hinzu. „Du bist dabei, Mann!“ Er streckt Jojo die offene Hand hin.

Jojo schlägt ein.

„Gebongt“, grinst Jannis. „Machen wir uns an die Arbeit!“

Und Jojo denkt, dass Fabian vielleicht doch nicht so doof ist, wie es zuerst schien. Eigentlich ist er irgendwie sogar ganz nett. Und gleich zwei neue Freunde zu haben, ist bestimmt auch nicht schlecht. Zwei Freunde, die manchmal als Privatdetektive arbeiten. Und die ihr Versteck in einem alten Doppeldeckerbus aus London haben. Ihr Büro.

Wenn er Tommi davon erzählt, wird der sich unter Garantie schwarzärgern, dass er immer noch in der Stadt ist. Wo das einzige Versteck, das sie jemals hatten, eine selbst gebaute Hütte aus alten Ikea-Kartons neben der Kellertreppe von Tommis Haus war …

„Die erste Frage, die wir klären müssen, ist natürlich die Frage nach dem Motiv", stellt Fabian fest und pustet sich eine Haarsträhne aus dem Gesicht. „Wenn wir das Motiv haben, haben wir quasi schon den Täter."

„Genau", nickt Jannis, „dann müssen wir ihn nur noch kriegen."

„Also", macht Fabian weiter, „warum klaut jemand ein Fahrrad?"

„Und eine Gartentür!", wirft Jannis ein. „Du darfst die Gartentür nicht vergessen."

„Es ist nicht sicher, ob die beiden Fälle zusammenhängen“, gibt Fabian zu bedenken.

„Beim Fahrrad ist es einfach“, sagt Jojo. „Weil einer keins hat, natürlich.“

„Oder weil das, was er hat, nichts taugt“, nickt Fabian. „Und er gern ein Besseres haben würde.“

Plötzlich gucken sie beide Jannis an.

„Nee, Leute, jetzt hört aber auf!“, ruft Jannis empört. „So schlecht ist mein Rad gar nicht. Klar, Jojos ist besser, aber ich geh doch nicht los und klau meinem Kumpel das Rad!“

„Vergiss es“, winkt Fabian ab, „war nur so eine Idee.“

„Blöde Idee!“, regt sich Jannis immer noch auf.

„Also“, sagt Fabian, „wenn es Jannis nicht war, wer dann?“

„Dieser komische Alte vielleicht“, schlägt Jojo vor. „Der, der bei uns im Garten war.“

Fabian guckt Jannis an.

„Opa Pfennig? Nie im Leben“, erklärt Jannis kopfschüttelnd.

„Wann ist dein Rad noch mal genau verschwunden?“, will Fabian plötzlich wissen.

Jojo denkt einen Moment nach. „Als ich zum Supermarkt bin, war es noch da … Ich glaube jedenfalls, dass es noch da war. Genau weiß ich es nicht, weil die Möbelpacker unsere Schrankwand vor die Garage gestellt haben …"

„Interessant", murmelt Fabian.

„Alles klar!", ruft Jannis. „Die Möbelpacker. Überlegt doch mal, Leute, ist doch logisch! Erst haben sie die Schrankwand dahin gestellt, damit keiner was sieht, und dann haben sie einfach Jojos Fahrrad in den Laster gepackt!"

Fabian pustet sich aufgeregt eine Haarsträhne aus dem Gesicht. „Genau, und die Gartentür haben sie auch gleich noch mitgehen lassen! Was meinst du?" Er guckt Jojo an.

„Könnte sein", überlegt Jojo. „Ein bisschen komisch waren sie sowieso. Vor allem der eine, so ein Typ mit Händen so groß wie Klodeckel …"

„Sag ich doch", nickt Fabian. „Passt doch!"

„Und wie kriegen wir das jetzt raus?", fragt Jojo. „Ich meine, was machen wir jetzt? Der Möbellaster ist weg!"

Für einen Moment gucken sie sich ratlos an.

Bis Jannis meint: „Vielleicht waren es doch nicht die Möbelpacker."

„So kommen wir nicht weiter, Leute", erklärt Fabian. Er fischt ein neues Kaugummi aus der

Packung und lässt ein paar Blasen zerplatzen, während er angestrengt nachdenkt. „Ich hab's", sagt er dann. „Wir müssen einfach jeden beobachten, der sich irgendwie auffällig benimmt. Abwechselnd und rund um die Uhr. Bis wir den Dieb haben. Alter Detektivtrick, ganz einfach eigentlich!"

„Sehr gut", nickt Jannis. „Und außerdem sollten wir unbedingt versuchen, die Reifenspuren von Jojos Fahrrad zu verfolgen!"

„Was für Reifenspuren?", fragt Jojo irritiert.

„Na ja, die Reifenspuren eben", meint Jannis. „Das machen echte Detektive auch immer."

„Sagt mal, habt ihr eigentlich schon mal irgendeinen Fall gelöst?", erkundigt sich Jojo vorsichtig.

„Nicht wirklich", gibt Jannis zu, „aber wir hatten ja auch noch nie einen Fall …"

„Doch, klar!", ruft Fabian dazwischen. „Die Sache mit dem Zigarettenklauer, weißt du nicht mehr?"

Sie erzählen Jojo, wie sie einmal hinter einem Typen her waren, der regelmäßig den Zigarettenautomaten am Supermarkt geknackt hat. Und wie sie ihn fast erwischt hätten. Nur, dass die Polizei dann leider schneller war.

„Aber ist ja auch klar", fügt Fabian hinzu. „Die haben schließlich mehr Leute, um jemand rund um die Uhr zu beobachten."

„Und um Reifenspuren zu verfolgen und solche Sachen", sagt Jannis.

Jojo verdreht die Augen. „Ich glaube, ich gehe erst mal wieder nach Hause", meint er. „Meine Mutter wartet wahrscheinlich schon mit dem Mittagessen."

„Kocht deine Mutter etwa richtig?", will Jannis sofort wissen. „Mit Kartoffeln und Soße und allem?"

Jojo nickt und klettert aus dem Bus. „Wir sehen uns später!"

„Ist doch Quatsch!", ruft Fabian noch hinter ihm her. „Als Detektiv darfst du so was gar nicht essen. Detektive pfeifen sich nur schnell mal eine Tüte Pommes rein, für was anderes haben sie gar keine Zeit!"

Aber Jojo hat keine Lust mehr, noch weiter in dem Doppeldeckerbus herumzuhängen. Irgendwie hat er sich das Ganze anders vorgestellt. Nicht so kompliziert. Eigentlich war er sich sogar ziemlich sicher, dass sie den Fall ruck, zuck lösen würden. Aber vielleicht sind Jannis und Fabian als Detektive doch nicht so gut, wie er dachte. Mit anderen Worten: Er muss sehen, wie er allein klarkommt. Wahrscheinlich hat es ja auch seinen Grund, dass Privatdetektive immer allein arbeiten, überlegt er, während er durch das Gebüsch zurück auf den Schrottplatz kriecht. Onkel Harry jedenfalls löst seine Fälle grundsätzlich allein. Und genau das wird er jetzt auch tun.

Der Typ in dem ölverschmierten Overall ist verschwunden. Der grüne Ford Mustang auch. Nur der Schäferhund zerrt wieder an seiner Leine und kläfft böse.

Als Jojo in seine Straße einbiegt, sieht er schon von Weitem, dass irgendetwas nicht stimmt. Auf dem Fußweg genau vor ihrem Haus ist ein kleiner Menschenauflauf.

Jojo spurtet los. Und dann sieht er auch schon Wilfried und Sabine. Und Pia und zwei kleine Jungen mit großen Zahnlücken, die die ganze Zeit kichern und haargenau so aussehen wie Fabian. Nur noch kleiner.

Opa Pfennig ist auch da und lächelt freundlich in die Runde, während eine alte Frau ihn fest am Arm hält, als würde er sonst abhauen. Wahrscheinlich die Frau von Opa Pfennig, denkt Jojo.

Wilfried und die alte Frau scheinen sich zu streiten.

„Das habe ich doch gar nicht behauptet“, sagt Jojos Vater gerade.

„Doch, das haben Sie!“, erwidert die Frau.

„Habe ich nicht!“, wiederholt Wilfried deutlich genervt. „Es sollte nur eine Frage sein, mehr nicht …“

Jojo schiebt sich weiter nach vorn. Und dann entdeckt er die Tür, die neben Wilfried am Zaun lehnt. Eine rostige Gartentür mit eisernen Efeublättern. Die geklaute Tür!

8. Kapitel
Pia und die beiden Zahnlücken

Jojo wendet sich an Pia. „Weißt du, was eigentlich los ist?“

„Ich bin auch gerade erst gekommen“, flüstert Pia ihm zu. „Aber ich glaube, dein Vater hat eure Tür wiedergefunden. Genau da, wo sie jetzt steht. Und weil Opa Pfennig neben der Tür stand, hat er gedacht, dass Opa Pfennig sie vielleicht geklaut hat.“

„Hat er aber nicht, oder was?“ Jojo ist irritiert, weil er den Verdacht seines Vaters eigentlich ziemlich einleuchtend findet.

„Natürlich nicht! Deshalb regt sich seine Frau ja gerade so auf. Opa Pfennig würde nie irgendwas klauen. Jedenfalls nicht mit Absicht!“, erklärt Pia.

„Aber wer soll es dann gewesen sein?“, erkundigt sich Jojo.

„Ich wüsste schon noch ein oder zwei Leute, denen so was zuzutrauen wäre …“, flüstert Pia geheimnisvoll.

„Und wen?“, hakt Jojo nach. Irgendwie hat er das Gefühl, dass Pia mehr weiß, als sie sagt.

Aber bevor Pia antworten kann, sagt Sabine laut: „Es ist doch auch völlig egal. Die Tür ist ja wieder da und das ist das Wichtigste!“

„Nichts für ungut“, meint jetzt auch Wilfried und streckt Opa Pfennigs Frau die Hand hin. „Jostmann. Wir sind Ihre neuen Nachbarn.“

„Pfennig“, erwidert die Frau. „Und mein Mann hat wirklich nichts damit zu tun, glauben Sie mir.“

„Schönes Wetter heute“, sagt Opa Pfennig plötzlich, „aber viel zu heiß, da wird dem Faulen angst und bange.“

Seine Frau hakt ihn unter und zieht ihn mit sich.

Kopfschüttelnd hebt Wilfried die Gartentür hoch, um sie zurück zu ihrem Haus zu tragen.

Sabine winkt, als sie Jojo entdeckt. „Die Tür ist wieder da!“, erklärt sie. „Und das Mittagessen ist auch fertig! Kommst du?“

„Gleich“, nickt Jojo. „Zwei Minuten!“ Er dreht sich zu Pia, um seine Frage zu wiederholen. Aber Pia ist nicht mehr da. Als Jojo sich umblickt, sieht er sie gerade noch auf der anderen Straßenseite in ihrem Garten verschwinden. Mit jeder Hand packt sie einen ihrer kleinen Brüder im Nacken und schiebt sie vor sich her.

„He, warte mal!“, ruft Jojo und rennt hinter ihr her. Mit einem Satz springt er über den Zaun und schneidet Pia den Weg ab.

„Was ist?“, fragt Pia.

„Du hast meine Frage noch nicht beantwortet“, keucht Jojo.

Im selben Moment befreien sich die beiden Zahnlücken aus Pias Griff und rennen kreischend weg.

Pia verzieht das Gesicht. „Deine Schuld“, sagt sie.

„Ist doch egal“, meint Jojo. „Also los, was hast du vorhin gemeint?“ Gleich darauf klappt ihm die Kinnlade herunter. „Au Mann“, stottert er. „Du … du hast doch nicht etwa gemeint, dass deine beiden Brüder …"

„Habe ich das etwa gesagt?", fragt Pia. „Habe ich irgendwas von meinen Brüdern gesagt?"

„Nein, aber …"

„Eben", blafft ihn Pia an. „Also vergiss es einfach." Sie dreht sich um und geht ins Haus. Und sie ist eindeutig sauer auf Jojo!

Jojo starrt noch einen Moment auf die geschlossene Tür. Er überlegt, ob er vielleicht klingeln soll, um sich zu entschuldigen. Aber wieso eigentlich?, denkt er dann. Schließlich hat er nur eins und eins zusammengezählt. Und was hatten Pias kleine Brüder überhaupt bei ihnen am Zaun zu suchen, als sein Vater die Tür entdeckt hat? Klar, vielleicht waren sie einfach zufällig da, überlegt er. Aber das wäre fast ein bisschen viel Zufall. Und wenn Pia mit ihren komischen Andeutungen nicht ihre Brüder gemeint hat, bleibt ja immer noch die Frage, warum sie die beiden dann im Nacken gepackt und abgeführt hat.

„Die Sache stinkt gewaltig", sagt Jojo halblaut zu sich selbst. „Irgendwas ist hier faul. Und zwar oberfaul!" Er schiebt die Hände in die Hosentaschen und geht nach Hause.

Beim Mittagessen reden sie natürlich über die verschwundene Gartentür, die jetzt wieder da ist.

„Ich würde ja doch zu gerne wissen, wer sie nun geklaut hat", überlegt Sabine.

„Wahrscheinlich habe ich den alten Mann wirklich zu Unrecht verdächtigt", meint Wilfried. „Aber wer war es dann? Irgendjemand muss es doch gewesen sein! Die Tür wird ja wohl kaum von alleine einen Ausflug gemacht haben, um sich mal die Gegend anzugucken."

Jojo muss kichern. Dabei fallen ihm prompt die beiden kleinen Brüder von Pia wieder ein, die auch die ganze Zeit gekichert haben, als sich Wilfried mit der Frau von Opa Pfennig gestritten hat. Aber Jojo hat jetzt keine Lust mehr, über Pias Brüder nachzudenken. Also fragt er, was Opa Pfennig eigentlich fehlt.

„Irgendwas in seinem Kopf funktioniert nicht mehr ganz richtig", erklärt Sabine. „Das muss schlimm sein, vor allem für seine Frau."

Jojo versucht sich vorzustellen, wie es wäre, wenn Wilfried plötzlich nicht mehr allein nach

Hause finden würde. Oder nur noch übers Wetter reden und absolut nicht mehr durchblicken würde. Keine sehr schöne Vorstellung, denkt er.

Im selben Moment schreit Sabine auf und lässt die Gabel fallen.

„Was ist?“, fragt Wilfried irritiert.

„Was ist?“, fragt auch Jojo.

Sabine zeigt zum Fenster. „Da … da war eben was“, stottert sie. „Ein Gesicht!“

Gleich darauf klingelt es an der Tür. Sie zucken alle drei zusammen. Ihre neue Klingel ist mindestens dreimal so laut wie die in der alten Wohnung.

„Es würde mich nicht wundern, wenn es jemand ist, der dein Fahrrad zurückbringen will“, meint Wilfried und geht zur Tür.

Jojo erkennt die Stimme sofort, die jetzt stammelt: „Ich wollte nur mal fragen, also, weil, äh …“

Das ist Jannis! Und Jannis will nicht Jojos Fahrrad zurückbringen, sondern gucken, was es bei Jojo zum Mittagessen gibt. Das wird spätestens klar, nachdem Wilfried ihn mit in die Küche gebracht hat.

Jannis starrt auf die Schüssel mit den Hackfleischbällchen und leckt sich die Lippen.

Bis Sabine fragt: „Willst du mitessen?“

Jannis nickt und lässt sich den Teller vollhäufen.

„Aber das nächste Mal klingelst du bitte gleich“, sagt Sabine, „ehe du da vorm Fenster rumturnst und ich fast einen Herzschlag kriege vor Schreck!“

Jannis nickt wieder. Sagen kann er nichts, weil er sich zwei Fleischbällchen auf einmal in den Mund gestopft hat.

„Gut, dass du jetzt Verstärkung hast“, meint Wilfried zu Jojo, „da könnt ihr gleich zusammen anfangen, die Kartons in deinem Zimmer auszupacken.“

„Hammer“, staunt Jannis, als sie in Jojos Zimmer sind und Jojo das Plakat mit dem roten Ford Mustang aus der Pappröhre zieht.

Sie hängen das Plakat an die Wand neben der Tür.

„Wenn wir den Fall gelöst haben“, sagt Jannis, „musst du unbedingt auch die Zeitungsartikel aufhängen.“

„Was für Zeitungsartikel?“, fragt Jojo.

„Na, ist doch klar, dass wir damit in die Zeitung kommen!“, erklärt Jannis. „Junge Detektive jagen den Fahrraddieb! Oder so was in der Art. Hoffentlich machen sie auch ein Foto von uns. Und vielleicht kommt ja sogar das Fernsehen! Mann, stell dir das mal vor, das wäre ja wohl echt …“

„… der Hammer“, grinst Jojo. „Schon klar, nur dass wir dazu erstmal …“

„… den Dieb finden müssen, auch klar“, nickt Jannis.

„Hast du eigentlich mitgekriegt, dass unsere Gartentür inzwischen wieder aufgetaucht ist?“, fragt Jojo.

„Weiß ich.“

„Und weißt du vielleicht auch, wer es war?“

Jannis schüttelt den Kopf. Er steigt über einen Umzugskarton und bleibt dann mitten im Zimmer stehen. „Sag mal, wir sind doch jetzt Freunde, oder?“, wechselt er plötzlich das Thema.

„Ich glaub schon“, nickt Jojo.

„Ich meine, so richtig gute Freunde?“

„Ja, klar.“ Jojo weiß noch nicht so recht, worauf Jannis eigentlich hinauswill.

Jannis klettert auf Jojos Bett und quetscht die Nase ans Dachfenster. „Du kannst ja von hier genau zu Fabian rübergucken“, sagt er, als hätte er gerade eine völlig neue Entdeckung gemacht.

„Kann ich“, bestätigt Jojo. „Ist doch genau gegenüber.“

„Fabian ist auch dein Freund, oder?“, fragt Jannis, ohne sich umzudrehen.

Langsam fängt Jojo an, sich ernsthaft zu überlegen, ob Jannis vielleicht zu viele Fleischbällchen gegessen hat. „Na ja, kann sein. So gut kenne ich ihn ja noch gar nicht“, antwortet er.

Jannis dreht sich um. „Mal angenommen, irgendjemand aus Fabians Familie hätte dein Fahrrad geklaut“, sagt er. „Also natürlich nicht Fabian selber, aber irgendjemand anders. Nur so, als Beispiel. Und ich hätte davon gewusst, aber nichts gesagt. Und Fabian auch. Was würdest du dann machen?“

„Ich wäre sauer, ist doch klar. Und wahrscheinlich würde ich erst mal nicht mehr mit euch reden. Aber ich kapiere gerade nicht so richtig, was du meinst. Heißt das …“

„Quatsch, natürlich nicht. Ist mir nur gerade so eingefallen, als ich Fabians Haus da drüben gesehen habe. Vergiss es“, meint Jannis. Er scheint plötzlich keine Zeit mehr zu haben. Jedenfalls guckt er auf seine Uhr, springt im nächsten Moment vom Bett und ist auch schon zur Tür hinaus, bevor Jojo noch etwas sagen kann.

Jojo hört, wie er die Treppe hinunterpoltert.

„Vielen Dank noch mal fürs Mittagessen! War echt lecker!“, ruft Jannis Sabine zu. Dann knallt die Haustür.

Jojo ist ein bisschen schwindlig im Kopf. Was sollte das Ganze eben? Weiß Jannis irgendetwas? Er weiß was, ganz eindeutig! Und er traut sich nur nicht, mit der Wahrheit herauszurücken. Obwohl er ja eigentlich schon genug gesagt hat. Es hat etwas mit Fabian zu tun. Also doch die beiden Zahnlücken, denkt Jojo. Oder etwa … Nein, das kann nicht sein! Obwohl … Also Pia war ja auch dabei, als die Gartentür plötzlich wiederaufgetaucht ist, überlegt er. Und dass sie angeblich erst später dazugekommen ist, muss nicht unbedingt stimmen. Vielleicht war sie von Anfang an da! Und es war genau umgekehrt: Ihre beiden kleinen Brüder sind erst später gekommen. Und sie hat sie im Nacken gepackt und weggeführt, weil sie Angst hatte, dass die beiden sie sonst verraten! Das würde jedenfalls Sinn machen …

Wilfried ruft nach ihm.

Als Jojo die Treppe herunterkommt, streckt Wilfried den Kopf aus der Kellertür. „Sag mal, kannst du dich an die beiden kleinen Jungen von vorhin erinnern? Die mit den Zahnlücken, die die ganze Zeit gekichert haben?"

„Fabians kleine Brüder meinst du", erklärt Jojo. „Wieso? Was ist mit denen?"

„Kannst du dir vorstellen …" Wilfried kratzt sich am Kopf und zögert. „Ich meine", sagt er schließlich, „dass die vielleicht unsere Tür weggeschleppt haben, nur so, um uns einen Streich zu spielen, aus Blödsinn?"

„Ich weiß nicht", überlegt Jojo. „Ich glaube eher nicht."

„Na ja, war ja auch nur so eine Idee", meint Wilfried.

„Ich wollte auch noch was wissen", nutzt Jojo die Gelegenheit. „Da war doch noch so ein Mädchen bei ihnen …"

„Die mit der zerrissenen Hose?", fragt Wilfried. „Ja, die stand schon da, als ich Herrn Pfennig neben unserer Tür entdeckt habe. Ein nettes Mädchen, glaube ich, sie hat ganz freundlich gegrüßt. Warum? Ist was mit ihr?"

„Nein, nein", sagt Jojo schnell. „Gar nichts."

Jojos Vater runzelt die Stirn und mustert Jojo, als würde ihn seine Antwort nicht unbedingt überzeugen. Aber dann fragt er nur: „Von deinem Fahrrad gibt es natürlich auch nichts Neues, oder?“

Jojo schüttelt den Kopf.

Wilfried zuckt mit den Schultern und verschwindet wieder im Keller.

Jojo überlegt nicht mehr lange. Es waren nicht die beiden kleinen Brüder, da ist er sich inzwischen sicher. Es war Pia! Und er muss tun, was ein guter Detektiv tun muss. Selbst wenn es ihm schwerfällt. Aber Onkel Harry würde unter Garantie auch nicht zögern, seine eigene Freundin zur Rede zu stellen, wenn sie ein krummes Ding gedreht hätte. Wahrscheinlich würde er sie sogar an die Polizei ausliefern! Wobei Jojo sich nicht sicher ist, ob er wirklich so weit gehen wird. Vielleicht gibt es ja noch eine andere Lösung, denkt er. Aber das hängt einzig und allein von Pia ab und sonst von niemandem!

Jojo zieht sich seine Turnschuhe an und ruft seiner Mutter zu: „Ich gehe mal kurz zu Pia rüber. In das Haus mit den bunten Fensterrahmen. Es dauert nicht lange.“

9. Kapitel
Nächtlicher Einsatz

Jojo entdeckt Fabians großen Bruder erst, als er schon fast genau vor ihm steht. Alex hockt auf dem Rasen unter der Hecke und sucht irgendetwas.

„Da ist das blöde Ding ja“, sagt Alex und zieht ein Jo-Jo unter den Zweigen hervor. „Gut, dass du da bist“, meint er dann an Jojo gewandt. „Ich krieg den Trick nicht hin, den du gestern gemacht hast.“

Jojo wirft einen kurzen Blick auf Alex’ Jo-Jo. „Kein Wunder“, erklärt er. „Du brauchst ein Jo-Jo mit Freilauf. Die Schnur darf nicht festgeknotet sein, sondern muss eine Schlaufe um die Achse herum bilden.“

„Verstehe“, nickt Alex. „Und bei deinem ist das so, oder was? Zeig mal!“

Jojo schüttelt den Kopf. „Ich hab gerade keine Zeit, tut mir leid. Ich suche Pia."

„Die ist nicht da", meint Alex. „Und ich weiß auch nicht, wo sie ist. Aber Fabian ist bei Jannis drüben, falls dir das was hilft. – Und du bist dir sicher, dass es hiermit nicht geht?", fragt er dann und wirft sein Jo-Jo mit so viel Kraft, dass ihm die Schnur vom Mittelfinger rutscht und das Jo-Jo wieder unter die Hecke rollt.

„Ganz sicher", bekräftigt Jojo. Er dreht sich um und geht zurück zu ihrem Haus. Er weiß nicht, was er jetzt machen soll. Sein Blick fällt auf das offene Garagentor bei Jannis. Fabian ist also bei Jannis, denkt Jojo. Vielleicht wäre es gar nicht dumm herauszukriegen, was sie gerade machen. Ob sie zum Beispiel über ihn reden. Oder über den Fall. Vielleicht ist ja auch Pia dabei und Alex weiß es nur nicht. Vielleicht haben sie Pia auch schon überführt und nehmen sie gerade in die Mangel, bis sie endlich alles gesteht!

Jojo schleicht zu Jannis' Garage hinüber. An der Rückseite gibt es eine Tür, die zum Garten führt. Die Tür steht offen. Unter einem Vordach sind ein paar Kaninchenställe. Einen Moment bleibt Jojo stehen und guckt sich die Kaninchen an. Ein großes, weißes mit schwarzen Flecken knabbert an einer Mohrrübe.

Jojo steckt den Finger durch das Drahtgitter. Das Kaninchen flüchtet unter eine alte Holzkiste.

Im nächsten Augenblick hört Jojo Stimmen. Jannis und Fabian! Und sie kommen näher, direkt auf ihn zu. Jojo quetscht sich hinter einen Stapel Brennholz und hält den Atem an.

Jannis und Fabian bleiben genau vor seinem Versteck stehen. Jojo bräuchte nur den Arm auszustrecken, um sie zu berühren. Zum Glück drehen sie sich nicht um.

„Um Mitternacht am üblichen Ort“, sagt Jannis.

„Und komm bloß nicht auf die Idee, Jojo irgendwas zu erzählen!“, warnt ihn Fabian.

„Quatsch, ich bin doch nicht blöd!“

„Alles klar, Alter, wir sehen uns!“ Fabian verschwindet durch die Garage.

Jannis zögert kurz, dann geht er zurück ins Haus.

Jojo wartet noch einen Moment, bevor er wieder durch die Garage zurück zu ihrem Haus schleicht.

Den Rest des Tages hängt er eigentlich nur in seinem Zimmer herum und hört Musik. Ohne wirklich zuzuhören. Und beim Abendessen bekommt er kein Wort heraus. Aber er ist so bleich, dass seine Mutter besorgt fragt, ob ihm irgendetwas fehlt.

„Ich bin nur müde“, antwortet Jojo. „Ich glaube, ich gehe gleich ins Bett.“

Sabine fühlt seine Stirn, ob er womöglich Fieber hat. „Ein bisschen Temperatur vielleicht“, stellt sie fest, „aber nichts Ernstes, glaube ich.“

„Schlaf dich gesund, Junge!“, ruft Wilfried hinter Jojo her, als er die Treppe hochsteigt.

Jojo legt sich mit allen Klamotten ins Bett und zieht sich die Decke bis unters Kinn. Nur für den Fall, dass Sabine kommt, um nach ihm zu gucken.

Und mit einem Mal ist er wirklich ziemlich müde. Aber er darf jetzt auf keinen Fall einschlafen! Spätestens um halb zwölf muss er los, damit er vor den anderen da ist. Am üblichen Ort, hat Jannis gesagt. Das kann nur der Doppeldeckerbus sein, so viel ist klar. Aber was wollen Jannis und Fabian da, mitten in der Nacht? Und weshalb wollen sie ihn nicht dabeihaben?

Es geht garantiert um sein Fahrrad, denkt Jojo, alles andere macht keinen Sinn. Und Jannis und Fabian wissen irgendetwas, was er nicht erfahren soll.

Plötzlich kommt Jojo ein Gedanke, der so ungeheuerlich ist, dass er glatt vergisst, Luft zu holen. Könnte es sein, dass vielleicht Jannis und Fabian selber die Fahrraddiebe sind? Und dass sie sich nachher mit irgendjemandem treffen, dem sie sein Fahrrad verkaufen wollen? Das würde zumindest erklären, warum Jojo auf keinen Fall dabei sein soll …

„Quatsch", sagt Jojo halblaut. „Alles Quatsch mit Soße!"

Er darf jetzt bloß nicht die Nerven verlieren! Nachher muss er voll da sein, sonst kann er das Ganze gleich vergessen.

Er greift sich ein Buch aus einem der Umzugskartons und versucht, ein bisschen zu lesen. Aber entweder taugt die Geschichte nichts oder Jojo ist einfach nicht bei der Sache. Und als er eine Seite bereits zum dritten Mal gelesen hat und immer noch nicht begreift, worum es eigentlich geht, legt er das Buch wieder weg und macht ganz kurz die Augen zu. Nur fünf Minuten, denkt er, damit ich nachher nicht im Stehen einschlafe.

Er wird wieder wach, als er die Tür zum Badezimmer hört. In seinem Zimmer ist es fast dunkel. Nur der Mond leuchtet hinter den Wolken hervor und wirft einen fahlen Lichtschein durchs Fenster. Jojo fährt hoch. Auf seiner Uhr ist es zwanzig nach elf. Er hat über drei Stunden geschlafen!

Er wartet, bis er hört, wie sein Vater barfuß über den Flur zurück ins Schlafzimmer tappt. Dann steigt er leise aus dem Bett und zieht sich seine Turnschuhe an.

Ein Glück, dass er vorhin noch seine Taschenlampe aus den Umzugskartons gekramt hat! Er schiebt die Taschenlampe zu seinem Jo-Jo in die Hosentasche und setzt sich die Mütze auf. Ganz zum Schluss stopft er schnell noch ein paar Klamotten unter die Bettdecke, damit es so aussieht, als würde er im Bett liegen.

Dann ist er fertig. Aber es ist auch schon halb zwölf, er muss sich beeilen.

Seine Tür quietscht ein bisschen und eine Treppenstufe knarrt, aber seine Eltern scheinen fest zu schlafen. Jojo schleicht sich durchs Wohnzimmer nach draußen und lässt die Terrassentür hinter sich einen Spalt offen, damit er nachher problemlos zurück ins Haus kann.

Geduckt läuft er zur Straße und guckt erst zu Jannis' und dann zu Fabians Haus hinüber. Bei beiden ist alles dunkel. Nirgends ist jemand zu sehen. Nur eine schwarze Katze streicht quer über die Straße und macht einen Buckel, als sie Jojo entdeckt.

Im Schatten der Hecken läuft er den Fußweg entlang. Die Taschenlampe in seiner Tasche klappert bei jedem Schritt leise gegen das Jo-Jo.

Bei Opa Pfennig ist Licht in der Küche. Opa Pfennig steht am Fenster und starrt regungslos auf die Straße. Jojo duckt sich unwillkürlich, obwohl der alte Mann unmöglich irgendetwas sehen kann. Jedenfalls nicht, solange er aus der hellen Küche ins Dunkel starrt.

Erst als Jojo an der Tankstelle ist, fällt ihm der Schäferhund wieder ein. Mit zittrigen Knien schleicht er weiter. Gleich darauf hört er den Hund auch schon kläffen. Aber er hat Glück, das Kläffen kommt eindeutig aus der Bretterbude. Sonst rührt sich nichts. Allerdings steht wieder der dunkelgrüne Mustang vor der Tür. Jojo sieht ganz deutlich die weißen Reifen in der Dunkelheit leuchten.

Er ist schon fast an dem ausrangierten Krankenwagen, als er über ein Stück Blech stolpert. Es scheppert so laut, dass Jojo überzeugt ist, halb Burgdorf aufgeweckt zu haben. Aber in der Bretterbude bleibt immer noch alles dunkel. Nur der Hund bellt erneut.

Jojo hat Mühe, den Geheimgang durch das Gebüsch wiederzufinden. Als er ganz kurz die Taschenlampe anknipst, werfen die Zweige gespenstische Schatten auf den Pfad. Irgendein Tier huscht vorüber. Jojo kann ganz deutlich den langen, nackten Schwanz sehen – eine Ratte!

Schnell macht Jojo das Licht wieder aus. Am liebsten würde er umkehren und einfach wieder in sein Bett kriechen. Aber dann denkt er an Onkel Harry und dass der bestimmt nicht kneifen würde. Auch nicht, wenn ihm ein ganzes Rudel von Ratten direkt über die Füße laufen würde! Onkel Harry würde höchstens sein Kaugummi von links nach rechts schieben und so etwas knurren wie: „Get out of my way, bastards!“ Oder so ähnlich.

Und dann ist plötzlich der Mond da und taucht alles in ein unwirkliches, bleiches Licht. Jojo beißt die Zähne zusammen und kriecht auf allen vieren durch das Gebüsch, bis der Doppeldeckerbus als schwarzer Schatten vor ihm aufragt.

10. Kapitel
Jojo sitzt in der Falle

Vorsichtig schiebt sich Jojo an die hintere Tür heran. Aber er kommt früh genug, die anderen sind noch nicht da.

Als er in den Bus steigt, knirschen ein paar Glassplitter unter seinen Schuhsohlen. Jojo tastet sich den Gang entlang bis nach vorn zum Fahrersitz. Er überlegt kurz und kriecht dann in den Spalt zwischen Lenkrad und Sitz. Die Fußpedale stören ein bisschen und der Schaltknüppel drückt ihm unangenehm in die Rippen, aber sonst ist der Platz nicht schlecht. Jojo macht es sich so bequem wie möglich und wartet.

Es dauert keine fünf Minuten, da hört er auch schon leise Stimmen. Irgendjemand steigt in den Bus. Der Lichtschein einer Taschenlampe tanzt über die Fenster und die Decke. Jemand lässt sich auf einen der Sitze fallen. Und dann steigen noch mehr Leute in den Bus und setzen sich hin. Wenn Jojo richtig mitgezählt hat, müssen es mindestens vier oder sogar fünf sein!

„Alles klar", sagt jetzt eine Stimme. „Also, Leute, was machen wir, um das Problem aus der Welt zu schaffen?"

Das ist weder Jannis noch Fabian, der da redet, denkt Jojo. Aber die Stimme kommt ihm irgendwie bekannt vor. Als hätte er sie vor nicht allzu langer Zeit noch gehört … Alex!

Und als Nächstes redet … Pia! „Ich hab langsam keine Lust mehr auf den ganzen Quatsch", sagt sie. „Heute Mittag hätte er mich schon fast erwischt! Er ahnt irgendwas, ganz bestimmt!"

„Aber er weiß es nicht genau und das ist unsere Chance", sagt wieder jemand anders.

Fabian!

„Und wenn wir es einfach für immer verschwinden lassen? Ist vielleicht ein bisschen fies, aber …"

Jannis.

„Könnte funktionieren", stimmt Alex zu. „Wenn wir alle dichthalten, kriegt er es nie raus. – Das gilt dann aber auch für euch, ist das klar?", setzt er gleich darauf hinzu.

Zwei dünne Stimmchen antworten: „Ist klar. Wir haben es kapiert."

„Wer's glaubt, wird selig", sagt Pia.

Die beiden Zahnlücken sind also auch dabei, denkt Jojo. Aber was reden sie da alle für ein wirres Zeug? Was soll das? Es geht um sein Fahrrad, das ist inzwischen endgültig klar. Sie haben sein Mountainbike! Und jetzt wollen sie es auch noch verschwinden lassen ... Aber wer war nun der Dieb? Etwa alle zusammen?

Jojo versucht, sein Bein unter dem Kupplungspedal hervorzuziehen. Sein Fuß fühlt sich schon ganz taub an. Im nächsten Moment poltert die Taschenlampe aus der Hosentasche. Und dann das Jo-Jo! Aber es kippt nicht einfach um und bleibt liegen, sondern rollt aufrecht am Schaltknüppel vorbei den Gang hinunter!

Plötzlich herrscht absolute Stille im Bus. Niemand sagt mehr etwas. Nur das Jo-Jo klackert leise über den Fußboden. Genau dahin, wo die anderen sitzen!

Jojo sieht, wie der Strahl von Alex' Taschenlampe über den rissigen Gummibelag tastet, bis er das Jo-Jo erwischt hat. Dann schiebt sich Alex' Turnschuh zwischen den Sitzen hervor. Alex wartet, bis das Jo-Jo bei ihm angekommen ist. Er hebt den Fuß und setzt ihn genau auf die kleine Scheibe.

„Wenn mich nicht alles täuscht, ist das ein Jo-Jo mit Freilauf", sagt er in die Stille hinein. „Und ich kenne nur einen, der so ein Ding hat."

Das Licht der Taschenlampe wandert über den Gang bis zu Jojo. Und verharrt auf seinem Gesicht …

Jojo kneift die Augen zusammen und wünscht sich, dass er in seinem Bett unter dem Dachfenster liegt und alles nur träumt.

Aber er träumt nicht. Leider.

„Du hättest nicht kommen sollen“, quetscht Pia zwischen den Zähnen hervor.

„Woher wusstest du überhaupt, dass wir hier sind?“, will Fabian wissen.

„Mein Fehler“, sagt Alex. „Ich hab ihm aus Versehen gesagt, dass du bei Jannis bist. Und ich nehme mal an, er hat euch belauscht.“

„Stimmt das?“, fragt Jannis.

Jojo nickt und kriecht aus seinem Versteck.

„Echt“, empört sich Jannis. „Das ist nicht fair! Man belauscht nicht einfach irgendwelche Leute. Und seine Freunde schon gar nicht!“

Jojo nimmt allen Mut zusammen. „Man klaut seinen Freunden aber auch nicht das Fahrrad“, erwidert er. „Und überlegt dann, ob man es einfach für immer verschwinden lassen kann!“

„Mist, er hat echt alles gehört!“, stöhnt Fabian.

„Und was machen wir jetzt mit ihm?“, fragt Pia. „Ich meine, schließlich ist er der einzige Zeuge …“

„Hä?“, macht Jojo entsetzt.

„Du guckst zu viel schlechte Filme, Schwesterchen", stellt Alex fest.

„War nur ein Witz", sagt Pia und grinst Jojo an. „Hier!" Sie wirft ihm ein Päckchen Kaugummi zu. „Du kannst dich wieder abregen."

„Ich fürchte, es hat keinen Zweck, noch lange drum rumzureden", mischt sich Alex wieder ein. „Also können wir ihm auch alles erzählen, oder?"

Die anderen nicken. Nur die beiden Zahnlücken tun so, als würden sie aus dem Fenster gucken.

„Also", macht Alex weiter. „Es war einmal eine Familie mit ziemlich vielen Kindern, und eigentlich waren sie alle ganz nett, also der Älteste war zum Beispiel richtig nett, wirklich ein feiner Kerl, könnte man sagen …"

„Mann, komm zum Punkt!", ruft Pia dazwischen.

„Jaja", sagt Alex, „ist ja schon gut. Das Problem waren die beiden Kleinen. Die hatten nämlich manchmal echt merkwürdige Ideen. Wie zum Beispiel die, bei den neuen Leuten, die gerade in das Haus gegenüber eingezogen waren, die Gartentür zu klauen. Nur so, aus Spaß. Weil sie dachten, das wäre irgendwie witzig …"

„Was?“, ruft Jojo. „Ihr wart das? Nicht du?“ Er guckt erst die beiden Zahnlücken an und dann Pia.

„Ich?“, fragt Pia empört. „Spinnst du?“

„Und mein Mountainbike?“, ruft Jojo. „Wart ihr das etwa auch?“

Die Zahnlücken nicken.

„Ich fass es nicht“, stammelt Jojo.

„Und?“ Pia guckt ihre beiden Brüder böse an.

„Es tut uns leid“, sagen die beiden im Chor. „Wir machen es auch nicht wieder. Versprochen.“

„Aber ich kapier einfach nicht, warum …“ Jojo sucht nach den richtigen Worten. „Also, ich meine, wenn ihr das alle schon die ganze Zeit gewusst habt …“

„Nicht die ganze Zeit“, erwidert Pia. „Erst nachdem wir die Gartentür und dein Fahrrad bei uns im Schuppen gefunden haben.“

„Und warum habt ihr nichts gesagt? Ihr hättet doch bloß was zu sagen brauchen!“

„Ich hab dich gefragt“, erklärt Jannis. „Und du hast behauptet, wenn so was wäre, würdest du nicht mehr mit uns reden. Und Freunde wären wir dann auch nicht mehr.“

„Genau“, nickt Fabian.

„Ihr … ihr spinnt, aber echt!“, stottert Jojo. „Ihr hattet also Angst, dass ich dann sauer bin? Und jetzt wisst ihr nicht, was ihr machen sollt?“ Er schüttelt den Kopf, als könnte er es immer noch nicht glauben. Aber plötzlich hat er eine Idee. „Warum macht ihr es nicht einfach genauso wie mit der Gartentür?“, meint er. „Also wenn ich morgen früh aufwache und runterkomme, steht mein Fahrrad einfach wieder da. So, als wäre es nie weg gewesen!“

„Echt?“, fragt Jannis. „Und dann ist alles okay? Und wir sind immer noch Freunde?“

Jojo nickt.

„Hammer!“, sagt Jannis.

„Cool“, sagt Pia. „Hätten wir auch selber draufkommen können.“

„Wartet mal“, sagt Jojo. „Eine Sache gibt es da schon noch. Ich meine, mein Fahrrad müsste eigentlich schon länger mal wieder so richtig geputzt werden …“

„Stimmt“, nickt Fabian. „Ist mir auch aufgefallen.“

„Aber echt“, meint Jannis.

„Dann solltest du morgen früh vielleicht ein bisschen länger schlafen, bevor du runtergehst“, schlägt Alex vor. Er guckt seine kleinen Brüder an.

Die beiden Zahnlücken nicken eifrig.

„Klar, warum nicht?“ Jojo zuckt mit den Schultern. „Ich bin sowieso ziemlich müde.“

11. Kapitel
Alles paletti

Als Jojo am Morgen aufwacht, hat er keine Ahnung mehr, wie er eigentlich nach Hause in sein Bett gekommen ist. Nur, dass sie irgendeine Abkürzung über einen matschigen Graben genommen haben und plötzlich bei Fabian im Garten standen. Und dass Pia ihm zum Abschied heimlich zugeflüstert hat: „Sag mir Bescheid, wenn du mal wieder genug Geld für Vanille-Schoko-Eis hast."

Und eine Verabredung hat er noch getroffen, fällt ihm jetzt wieder ein. Mit Jannis und Fabian. Sie wollen zusammen ein bisschen in der Gegend herumfahren. Mit ihren Fahrrädern.

„Jojo!", ruft Sabine aufgeregt von der Treppe her und steht im nächsten Moment schon in seinem Zimmer. „Du glaubst es nicht! Dreimal darfst du raten, was Wilfried gerade entdeckt hat!"

„Mein Fahrrad vielleicht?", sagt Jojo und grinst.

„Stimmt", nickt Sabine und klingt fast ein bisschen enttäuscht, dass Jojo sofort auf die richtige

Lösung gekommen ist. „Aber weißt du auch, wo?", fragt sie dann.

„Vorne am Zaun vielleicht. Oder in der Garage ..."

„Beides falsch!", erklärt Sabine. „Nein, hinten in dem alten Gewächshaus, bei uns im Garten! Sag mal, kann es sein, dass du es da vielleicht selber untergestellt hast und das nur vergessen hast?"

Jojo versucht, möglichst unschuldig unter seiner Decke hervorzugucken. „Klar", sagt er, „das wäre schon möglich. Es war ja auch irgendwie das totale Chaos hier beim Umzug …"

„Na, jedenfalls ist es wieder da", strahlt Sabine ihn an.

Im selben Moment klingelt unten das Telefon. Und dann ruft Wilfried. „Jojo! Für dich!"

Jojo spurtet die Treppe hinunter.

Sein Vater hält ihm das Telefon hin.

„Mann, Alter", redet Tommi sofort los, kaum dass sich Jojo gemeldet hat, „es war echt gut an der Ostsee, das kannst du dir gar nicht vorstellen! Das war echt der absolute Spitzenurlaub, da beißt du dich glatt in den Hintern, wenn ich dir das alles erzähle! Das Hotel und alles, absolut super, und nur gutes Wetter. Ich war den ganzen Tag am Strand und beim Beachball habe ich eine Urkunde gekriegt und außerdem noch ein T-Shirt, wo ganz groß draufsteht *I'm a surfer*. Ich bin ein Surfer, soll das heißen, und außerdem habe ich auch noch einen echt irren Typen kennengelernt, der ist absolut cool, und das Beste ist, dass der nur eine Straße weiter wohnt, hier bei uns gleich um die Ecke, und mit dem mache ich jetzt immer was zusammen … Aber wie geht es dir überhaupt in deinem Kaff, da, wo du jetzt wohnst, meine ich, alles paletti oder stirbst du schon vor Langeweile?“

„Alles paletti“, sagt Jojo. „Und ich habe übrigens auch ein T-Shirt gekriegt, aber mit einem Totenkopf drauf. Außerdem habe ich auch noch ein paar Leute kennengelernt, die haben ein Versteck in einem alten Doppeldeckerbus aus London, und mit denen mache ich jetzt immer was, die sind nämlich voll in Ordnung, echte Kumpels.“

„Echt? Klingt ja gar nicht so schlecht.“

„Ist auch gar nicht so schlecht“, erwidert Jojo. „Ist sogar richtig gut. Also, mach was, Alter. Bis irgendwann mal. Man sieht sich.“ Jojo schaltet das Telefon aus.

Als er an der Küche vorbeikommt, ruft er Sabine zu: „Ich zieh mich nur schnell an und dann dreh ich erstmal eine Runde mit Fabian und Jannis. Vielleicht kommt Pia ja auch noch mit, mal sehen …“